Über dieses Buch

In einer durchschnittlichen amerikanischen Vorstadt blüht das Geschäft mit dem anrüchigen ›Nebenerwerb‹ junger Hausfrauen. Es gibt keine Geldsorgen mehr, die Ehemänner sind eingeweiht und mitbeteiligt. Ein zufälliger Party-Gast wird unfreiwillig Mitwisser. Um das einträgliche Gewerbe nicht zu gefährden und nach außen die Anstandsregeln nicht zu verletzen, wird er zum Schweigen gebracht und im Garten verscharrt.

Albee bearbeitet diese Skandalgeschichte ohne moralische Sentenz, ohne Satire. Darauf bedacht, das Gruppenverhalten derer darzustellen, die nach den Regeln der anderen handeln, traf ins Schwarze. Das Stück, am 5. Februar 1969 in München erstaufgeführt, erlebte einen triumphalen Theatererfolg.

Drei Jahre später, am 5. Januar 1972, folgte die deutsche Erstaufführung von Albees jüngstem Werk ›Alles vorbei‹. Es führt gleichsam ein Grundmuster menschlicher Gruppenbildung vor. In einer Gesellschaft, die das Sterben tabuisiert hat, vollzieht sich die Agonie eines Mannes, den wir nicht sehen, dessen Namen wir nicht erfahren. Was den Kern seines Lebens gebildet hat, ist um ihn versammelt: eine Frau, eine Tochter, ein Sohn, die Geliebte, ein guter Freund, der Arzt, eine Pflegerin. Aber der Anforderung, die an sie gestellt wird: sozial zu handeln, sich zu stellen, zu entscheiden, sind sie nicht gewachsen. Die Gruppe als kleinste Einheit der Gattung Mensch vermag sich nicht mehr zu regenerieren.

Edward Albee, 1928 in Washington geboren, lebt und arbeitet zur Zeit in New York. Von seinen Stücken liegen im Fischer Taschenbuch Verlag vor: ›Wer hat Angst vor Virginia Woolf ...?‹ (7015); ›Empfindliches Gleichgewicht‹/›Winzige Alice‹ (906).

Edward Albee

Alles im Garten
Alles vorbei

Zwei Stücke

Deutsch von Pinkas Braun

Fischer
Taschenbuch
Verlag

Fischer Taschenbuch Verlag
Dezember 1972
Umschlagentwurf: Lothar Staedler
unter Verwendung eines Szenenfotos
Fischer Taschenbuch Verlag, Frankfurt am Main

Gesamtherstellung: Hanseatische Druckanstalt GmbH, Hamburg
Printed in Germany
ISBN 3 436 01460 5

Alles im Garten

Dem Andenken von Giles Cooper

Personen

RICHARD, *angenehmes Aussehen, 43*
JENNY, *seine Frau, anziehendes Äußeres, Ende dreißig*
ROGER, *ihr Sohn, hübscher Junge, 14 oder 15*
JACK, *ein Nachbar, angenehmes Aussehen, ungefähr 40*
FRAU TOOTHE*, *eine elegant gekleidete, stattliche Dame, 50 ungerade*
CHUCK *und* BERYL
GILBERT *und* LOUISE
CYNTHIA *und* PERRY
} *Freunde und Nachbarn, sehr ähnlich wie Richard und Jenny*

* Aus Gründen, die sich im Verlauf des Stücks herausstellen werden, möchte ich vorschlagen, daß »Toothe« wie »Tut« ausgesprochen wird.
Anmerkung des Übersetzers

Die Dekoration

Das Wohnzimmer und der Wintergarten einer Vorstadtvilla. Durch die Glastüren des Wintergartens ist ein großer und gut gepflegter Garten sichtbar. Es ist ein altes Haus; der Wintergarten ist offensichtlich an das bereits vorhandene Gebäude angebaut worden, wirkt aber nicht störend. Die Dekoration verrät keinen Reichtum. An Stelle von Geld wurden Geschmack und Erfindungsgeist aufgewendet.

Erster Akt

Erste Szene

Leere Bühne. Geräusche von Handrasenmäher durch Wintergartenfenster. Richard erscheint mähend im Fenster, hält inne, trocknet Schweiß, mäht weiter. Jenny tritt von Diele auf, sucht eine Zigarette, findet Päckchen auf Kaminsims, stellt fest, es ist leer, will es wegwerfen, besinnt sich, reißt Gutschein ab, will Päckchen dann in Papierkorb werfen, entdeckt darin noch ein leeres Päckchen, schüttelt den Kopf, bückt sich, nimmt es heraus, entknüllt es, reißt Gutschein ab.

JENNY *schüttelt den Kopf, unterdrückt* Unglaublich! *Lauter, doch* Richard *kann unmöglich etwas hören.* Du könntest dran denken!
Richard *erscheint wieder mähend im Fenster.* Jenny *öffnet Fenstertür, spricht zu ihm hinaus.*
Du könntest dran denken! *Er mäht weiter. Gereizt.* Richard! *Er hält inne.*

RICHARD *wir hören ihn eigentlich nicht* Hm?

JENNY Du könntest v e r s u c h e n , dran zu denken! *Dreht sich um, kommt wieder herein, läßt Fenstertür offen.*

RICHARD *folgt ihr ins Zimmer, trocknet Hals mit Taschentuch* Ich könnte was?

JENNY Du könntest dran denken. *Läßt es dabei bewenden.*

RICHARD *überlegt* Gut. *Pause.* Ich könnte an w a s denken?

JENNY *sucht immer noch eine Zigarette* Wenn du sie wegschmeißt.

RICHARD *überlegt das* Ah-ha. *Pause.* Darf ich jetzt wieder raus? Irgend jemand muß ja den verfluchten Rasen m ä h e n , und ich seh' da draußen keinen Gärtner, dem ich sagen könnte, was er ...

JENNY *stellt fest, daß jede Zigarettenschachtel leer ist* Ich habe dir zweitausendmal gesagt ... nein, ich habe dir z w e i Dinge zweitausendmal gesagt: Bitte hab Zigaretten im Haus ...

RICHARD *daran gewöhnt, trotzdem leichthin* D u führst den Haushalt.

JENNY *etwas von einer strengen Schulmeisterin schleicht sich ein* W e n n du ein Päckchen aufgeraucht hast, denk an z w e i Dinge ... —: ich habe dir gesagt ...

RICHARD — zweitausendmal —

JENNY *schließt für einen Augenblick die Augen, fährt fort* ... erstens: wenn du ein Päckchen aufgeraucht hast, schau nach, ob's das letzte war — das letzte Päckchen ...

RICHARD *gelangweilt, ungeduldig* Jawohl, gnä' Frau.

JENNY *unerschütterlich* ... und f a l l s es das letzte war, schreib auf, daß n e u e besorgt werden müssen, oder sag es m i r ...

RICHARD *wie oben* JAHH, JAHH ...

JENNY Sobald du ein Päckchen aufgeraucht h a s t ... mußt du den Gutschein abtrennen. Bitte? Die Gutscheine? Wir sammeln sie?

RICHARD Hab' ich's v e r g e s s e n ?

JENNY Du vergißt es immer. Wir rauchen diese fürchterlichen Dinger nur, um Gutscheine zu ...

RICHARD *leichthin* SCHON GUT.

JENNY *nach einer kleinen Pause* Hast du welche?

RICHARD Gutscheine?

JENNY *nicht belustigt* Zigaretten!

RICHARD *vergewissert sich* Äe-häm. *Plötzlich begreifend.* Willst du eine? *Bietet ihr das Päckchen an.*

JENNY *erblickt das Päckchen* Du Hund! Das sind keine ... Was bist du — was unterstehst du dich, diese Zigaretten zu rauchen? Die haben keine Gutscheine ... — Glaubst du, ich hock' hier 'rum, ruinier' mir die Lungen, hamstere Gutscheine, während du hinterrücks ...

RICHARD *kichert, weil er ertappt worden ist* Hast mich erwischt, hm?

JENNY Du kleiner ... Rotzlöffel!

RICHARD *gibt ihr Feuer* G r o ß e r Rotzlöffel. Sind gut, nicht?

JENNY *bedauernd* Ja. *Pause.* Wie geht's dem Rasen?

RICHARD Wächst.

JENNY Vergiß nicht, daß ich dir gesagt hab': paß auf die Tulpen auf.

RICHARD *übertriebene Zerknirschung* Ach, ich muß es beichten, es ging mit mir durch: ich raste wie rasend übern Rasen ... *Schnelles, abgehacktes Geräusch* ... br-br-br-br-br-br-br-br .. mähte alles nieder. Als ich endlich zu mir kam, hatte ich wohl runde zwei Dutzend zerstückelt.

Nachträglicher Einfall.
'tschuldige.

JENNY *nickt aus Erfahrung* Glaub mir, das war damals nicht komisch. *Mehr oder weniger zu sich selber.* Wahrhaftig! Ein erwachsener Mann rast mit dem Rasenmäher durch ein Tulpenbeet.

RICHARD *munter und stolz* Mir hat's eigentlich gefallen. – Übrigens ... was soll das heißen: »Wie geht's dem Rasen?« Was kümmert dich der Rasen? Von dir aus könnt' er wie'n Löwenzahnfeld aussehn, solang deine Stockrosen und deine Tulpen nicht drunter leiden, und deine rosa Kuckucksnelken, oder wie sie heißen.

JENNY *überlegen, aber freundlich* Wir tun alle das, wofür wir taugen. Manche von uns eignen sich zum Rasenmähen, und andere – ... na ja, denen grünt's und blüht's unter den Händen.

RICHARD *betrachtet den Garten* Er ist schön. Deine Rühreier sind eine Katastrophe, aber im Garten hast du goldene Hände.

JENNY *süß-sauer* Ich bin eben eine Freiluft-Natur.

RICHARD *küßt sie auf die Stirn* Jawohl, das bist du. *Stürzt in einen Lehnsessel, stöhnt vor Erschöpfung.* AAAACCChhhhhhhhhh, Gott!

JENNY Hm?

RICHARD *aufrichtig und traurig* Ich möchte, wir könnten uns was leisten.

JENNY *tonlos, ironisch* Rauch fleißig! Heb die Gutscheine auf!

RICHARD Roger angerufen? Gut angekommen in der Schule?

JENNY Ja. Er hat dieses Jahr drei Budenkameraden, und man hat ihm sein Fahrrad erlaubt.

RICHARD *wieder sehr jung* Ich möchte, man würde mir einen Motorrasenmäher erlauben.

JENNY Du kannst dir keinen erlauben, also laß ... *Läßt es dabei bewenden.*

RICHARD Ich bin wahrscheinlich der einzige gebürtige Amerikaner östlich der Kordilleren, der keinen Motorrasenmäher hat.

JENNY Du kannst dir eben keinen erlauben, also laß gut sein.

RICHARD *zeigt unbestimmt umher, meint die Nachbarn* Alan hat einen, Clinton ... Mark! Mark hat einen und tauscht ihn jedes ...

JENNY *erstaunlich scharf* Nein!

Stille.

RICHARD *zu sich selber* Dreiundvierzig Jahre alt und habe nicht mal einen Motorrasenmäher.

Stille.

JENNY Möchtest du was? Tee oder ein belegtes Brot?

RICHARD *scharf* Können wir's uns leisten?

JENNY *durch die Zähne* Grade.

RICHARD *steht auf, geht auf und ab. Leichthin*

Möchtest du, äh ... möchtest du dich scheiden lassen? Und nochmal heiraten? Einen mit Geld? Irgendeinen mit einem Motorrasenmäher?

JENNY *überdrüssig, sachlich* Nicht diese Woche. Hab' zuviel zu tun.

RICHARD *zerstreut* Laß es mich wissen. *Zurück zu ihr.* Wieviel?

JENNY Hm?

RICHARD Wieviel gibst du aus? Für ... für Samen und Dünger und Gartenscheren und ...

JENNY *steht auf*

Ach, du lieber ...

RICHARD ... und – und Tulpenzwiebeln und Pfähle, damit die Scheißpflanzen aufrecht stehen und ...

JENNY *zornig, aber immer noch ziemlich anmaßend* Grab ihn um! Grab den ganzen verdammten Garten um! Schütt Kies drauf! Und wenn du schon dabei bist, schaff dir das Gras vom Hals!

RICHARD *zuckt die Achseln* Jeder hat Gras.

JENNY *wütend* JEDER HAT EINEN GARTEN! *Immer noch zornig, aber leiser.* Ich bin bereit ... ich bin bereit zu knausern ... und zu essen, was mir meistens gar nicht schmeckt ... und mich anzuziehen wie etwas aus einem Vierzigerjahrefilm ...

RICHARD *bedauert das Ganze* Schon gut, schon gut ...

JENNY ... und kein Mädchen zu haben, und mir die Haare nur zweimal im Monat machen zu lassen, und nicht zu sagen: fahren wir weg übers Wochenende ...

RICHARD Schon gut!

JENNY ... zu zahlen und zu zahlen für dieses gottverdammte Haus ...

RICHARD *leise, vernünftig, aber aufreizend* ... jeder hat ein Haus ...

JENNY . . . u n d den verfluchten Wagen . . .
RICHARD . . . wir brauchen einen Wagen . . .
JENNY . . . u n d Rogers Schule . . .
RICHARD *Zorn steigt ein wenig* Da die Volksschulen in diesem Land. . .
JENNY . . . u n d die ganzen Versicherungen . . .
RICHARD Wir sterben mal, weißt du.
JENNY . . . und alles andere! Alles geldverschlingende Zeugs!
RICHARD Vergiß die Regierung nicht. D i e ist gefäßig.
JENNY Ich bin zu allem bereit, ich bin . . . ich bin bereit, diese fürchterlichen Zigaretten zu rauchen, ich bin . . . – aber ich bin n i c h t bereit . . . ich bin n i c h t bereit, meinen Garten aufzugeben.
RICHARD *sanft, versöhnlich* Das würd' ich nie von dir v e r l a n g e n.
JENNY Wir leben über unsere Verhältnisse, wir haben kein Recht hier zu sein, wir sitzen so tief in der Tinte, daß du eine Bank ausrauben mußt oder-was-weiß-ich, wir haben . . .
RICHARD Ich liebe deinen Garten.
JENNY *beruhigt sich ein wenig* Es gibt ein paar Dinge, zu denen ich einfach nicht bereit bin: und in erster Linie bin ich nicht bereit, meinen Garten aufzugeben.
RICHARD Nein. Natürlich nicht.
JENNY Ich l i e b e meinen Garten.
RICHARD Ja.
JENNY Die Preise beim Blumenhändler . . . wenn wir S c h n i t t blumen kaufen müßten . . .
RICHARD Ich w e i ß , ich w e i ß .
JENNY Ja, wenn wir ein Treibhaus hätten . . .
RICHARD Ein Treibhaus?!
JENNY Ja. Na, ja, ein kleines, grade groß genug, um ein paar Orchideen zu züchten . . . *Sieht* Richard *aufstehen und kopfschüttelnd weggehen.* . . . wo gehst du hin?
RICHARD Ich geh' raus und bring' mich um.
JENNY Warum denn?!
RICHARD *verliert die Beherrschung* Weißt du, was ein Treibhaus kostet?!
JENNY *wird wütend* ICH VERSUCHE GELD ZU SPAREN!
RICHARD *gibt es auf* Du bist verrückt.
JENNY W e i ß t du, was S c h n i t t b l u m e n kosten?

RICHARD *äfft sie nach* W e i ß t du, was ein T r e i b - h a u s kostet?

JENNY Ich v e r s u c h e . . . G e l d zu sparen.

RICHARD *winzige Pause, dann* Warum gehst du nicht nach Paris und kaufst Christian Dior auf?! Dann kriegst du deine Kleider umsonst.

Stille.

JENNY *abwesend* Möchtest du Tee? Oder ein belegtes Brot?

Richard *schüttelt den Kopf. Stille.*

Jenny *ist ein wenig traurig, nachdenklich, aber hoffnungsvoll.*

Wir werden ein Treibhaus haben . . . eines Tages. Ich richte es hübsch her. Und dein Wohnzimmer wird voller blühender Pflanzen sein. Es wird dir sehr gefallen.

RICHARD *leicht ironisch, traurig* Darf ich erst einen Motorrasenmäher haben?

JENNY *nett* Du darfst a l l e s haben.

RICHARD *seufzt* Das wird fein.

JENNY *sehnsüchtig* Und ich auch, und alles wird wunderschön.

RICHARD *nach einer Stille* Was mir am Armsein nicht gefällt . . .

JENNY *korrigiert ihn mechanisch* . . . am »Kein-Geld-Haben« . . .

RICHARD Was mir nicht gefällt am – am »Kein-Geld-Haben« . . .

JENNY *ein wenig verlegen, als ob jemand sie hören könnte* Wir sind nicht am V e r h u n g e r n.

RICHARD Nein, wir essen . . . Aber wenn wir nicht im . . . im . . . *Zeigt aus dem Fenster.* . . . Klub wären, würden wir viel besser essen.

JENNY *geduldige Zustimmung* Ja.

RICHARD Wenn wir nicht versuchen würden, zu leben wie unsere Freunde, könnten wir ab und zu was beiseite legen.

JENNY *wie oben* Äh-häm.

RICHARD Freunde, übrigens, die wir nicht kannten, bevor wir herzogen, dieses Haus kauften . . .

JENNY Aber F r e u n d e.

RICHARD Ach ja, das findest du. *Leicht hingeworfen, aber aufrichtig.* Wir leben nicht richtig.

JENNY *wirft den Kopf zurück, lacht* O Gott!

RICHARD Nicht richtig!

JENNY Armer Schatz.

RICHARD *wie bei einer Debatte* Man wohnt in einem Vierzigtausenddollarhaus und muß der Gutscheine wegen schlechte Zigaretten rauchen, damit man sich einen anständigen Staubsauger leisten kann, um es sauberzuhalten. Man gehört dem Klub an, damit man sich für Einladungen zum Essen revanchieren kann, bei Leuten, die man nicht einmal kennen würde, wäre man dem Klub nicht erst beigetreten; und beigetreten ist man dem Klub und hat Tennis spielen gelernt, weil man beschlossen hat, in eine Nachbarschaft zu ziehn, wo jeder zum Klub gehört.

JENNY *unverbindlich* Bis auf Juden und Kleinkrämer.

RICHARD Hm? Man pumpt über beide Ohren auf Leben ... *Merkt, was er gesagt hat, versucht zu verbessern, indem er Würde bewahrt.* ... lebt auf beiden Ohren über Pump ... lebt über beide Ohren auf Pump – und warum?!

JENNY *ruhig, in die Enge getrieben* Weil man anständig leben will.

RICHARD Ich?

JENNY *gemartert schließt sie kurz die Augen* Wir. Weil wir anständig leben wollen. Weil wir leben wollen, wie's auch andere Leute schaffen ...

RICHARD Ja. Leute, die es sich leisten können!

JENNY Nein! Wie andere Leute es sich nicht leisten können und trotzdem tun. Glaubst du, die Bank hat nur für uns eine Abteilung für Hypotheken eingerichtet?

RICHARD Schau Jack an!

JENNY Jack ist reich! Schau alle andern an.

RICHARD *Pause. Finster* Ich hab' das Gefühl, ich gehöre nirgends hin.

JENNY *leicht herablassendes Mitgefühl* Aaacchh, armer Richard.

RICHARD Stimmt übrigens.

JENNY *sehr direkt, sogar ein wenig mißtrauisch* Was stimmt?

RICHARD Die Bank, die Abteilung für Hypotheken: Ist nur für uns eingerichtet.

JENNY *lacht ein wenig* Du willst kein belegtes Brot oder sonstwas?

RICHARD *abwesend* Nein.

JENNY *sie haben es offensichtlich schon früher besprochen* Ich bin noch voll leistungsfähig ...

RICHARD *fest* Nein.

JENNY Viele Frauen tun's.

RICHARD N e i n.

JENNY Nur als Nebenbeschäftigung, nur von ...

RICHARD Du wirst dir k e i n e Arbeit suchen!

JENNY Es wäre ein himmelweiter ...

RICHARD *verliert jetzt die Geduld* Schluß jetzt! *Leiser; nachträglicher Einfall.* Ich werde nicht dulden, daß eine Frau von mir sich mit irgendeiner Arbeit 'rumplagt u n d einen Haushalt führt u n d sich um Roger kümmert, wenn er von der Schule heimkommt ...

JENNY Roger ist vierzehn, man braucht sich nicht um ihn zu kümmern.

RICHARD Nein! Außerdem ist er fünfzehn.

JENNY Wenn ich eine Arbeit a n n e h m e, können wir uns ein Mädchen leisten und ...

RICHARD Ich habe n e i n gesagt.

JENNY *erbittert* Ich will mich ja nicht als Waschfrau verdingen, Himmelnochmal!

RICHARD *leicht bösartig* Nein? Was sonst?

JENNY *sie auch* Ach, vielleicht traust du mir nichts anderes zu ...

RICHARD *Stimme wird lauter* Das hab' ich nicht g e s a g t.

JENNY Nun, du hast es insinuiert.

RICHARD Impliziert, nicht insinuiert. Und das habe ich nicht.

JENNY D o c h hast du, Himmelnochmal.

RICHARD Ich habe nichts dergleichen gesagt.

JENNY *schnoddrige, übertriebene Imitation* Nein? »Na, was s o n s t? Was könntest du tun?« *Zorn.* Traust du mir nichts anderes zu?

RICHARD *versucht es jetzt mit Geduld* Ich habe nicht gesagt, ich traue dir nichts anderes zu, als dich als Waschfrau zu verdingen. Ich wollte nur sagen ...

JENNY *fängt an zu weinen* Es macht mich unglücklich, daß du so schlecht von mir denkst.

RICHARD *Blick zum Himmel* Ach du großer ...

JENNY *schnupft, das Ganze gespielt und doch nicht gespielt:* Es macht mich unglücklich, daß du mir nichts anderes zutraust. Ich v e r s u c h e, dir zu helfen. Ich versuche, ein anständiges Haus zu führen ...

RICHARD Es ist ein wunderschönes Haus ...

JENNY ... und deinen Sohn großzuziehen, daß kein ... kein Rabauke aus ihm wird ...

RICHARD ... unsern Sohn ...

JENNY Ich versuche, hübsch auszusehen, ich versuche, mich zu pflegen, für dich, für deine Freunde ...

RICHARD Wieso ... wieso ist plötzlich alles mein?! Es ist doch meistens dein, ganz dein!

JENNY *wieder echte Tränen* Ich versuch's! Ich versuch's!

RICHARD Oh, Gott! *Geht zu ihr und tröstet sie.* Du machst es wunderbar, du machst alles ganz ... wunderbar. Du siehst ... Du siehst zum Anbeißen aus. *Knurrt, versucht, sie in den Hals zu beißen.*

JENNY *Märtyrerin* Laß das, bitte. *Richard knurrt wieder, beißt.* Laß doch! *Richard entfernt sich.* Geh ... geh bloß weg.

RICHARD *Pause. Unterdrückt* Ich habe nicht mit Absicht ... etwas gesagt, um dich aufzuregen.

JENNY Nein, aber du hast es so gemeint!

RICHARD *Zorn steigt hoch* Ich hab's nicht so gemeint!

JENNY *auch zornig* Warum hast du's denn gesagt?!!

RICHARD *zusammengekniffene Augen* Was?

JENNY *kalt* Wenn du's nicht so gemeint hast, warum hast du's gesagt?

RICHARD Ich habe nicht gesagt, daß – du hast impliziert, daß ich ...

JENNY Insinuiert!

RICHARD ES LANGT!

Stille.

JENNY *große, samtzüngige Würde* Ich habe nur versucht, vorzuschlagen, ich könnte vielleicht im Krankenhaus einen oder zwei Nachmittage die Woche aushelfen ...

RICHARD *schnaubt* Und damit genug verdienen, um ein Mädchen zu bezahlen?

JENNY *versucht, ruhig zu bleiben* Oder einen Hutladen eröffnen ...

RICHARD Du bist verrückt! Du bist vollkommen verrückt!

JENNY *ganz aufrichtige Bitte* Ich will doch nur helfen!

Stille.

RICHARD *wieder bei ihr, nett* Das weiß ich doch. Und du tust soviel wie alle und jeder. Du tust mehr als dein Teil.

JENNY Nein, nein, ich tue nichts, um dir zu helfen.

RICHARD *er schmiegt sich an sie* Du tust alles.

JENNY Du denkst, ich bin nichts wert.

RICHARD *um es ins Scherzhafte zu ziehen* Nein, ich glaube, ich könnte dich verkaufen ... für ungefähr ... äh ...

JENNY *spielt nicht mit* Du findest, ich sei ein Klotz am Bein, ich sei keine Hilfe. Viele Frauen haben eine Nebenbeschäftigung, einfach um was beizusteuern ...

RICHARD *endgültig* Nein!

JENNY *nach einer Stille, seufzt:* Geld, Geld, Geld.

RICHARD So ist es immer gewesen. So ist es.

JENNY *tröstend* Du verdienst mehr als früher.

RICHARD Verdienen? Ja: Steuern. Hüte dich vor rechtschaffenen Männern! Hüte dich vor dem schrittweisen Aufstieg durch die ehrenwerten Dienstgrade.

Jack *erscheint in der Verandatür, tritt ein, beobachtet, lehnt sich lässig irgendwo an, spricht zum Publikum; wird nur dann Teil der Handlung, wenn er sich direkt an die eine oder andere Figur im Stück wendet.*

JENNY Ich weiß. Mutter sagte, ich soll einen Grundstückspekulanten heiraten.

RICHARD *geht zum Schnapsschrank* Ja. Na ja, ja, das solltest du.

JENNY *noch ein Versuch* Also, wenn ich nur eine kleine Nebenbeschäftigung hätte ...

RICHARD *sucht zwischen Flaschen* Nein!

JACK *zum Publikum, während* Richard *auf der Suche nach der richtigen Flasche ist* Streiten sie sich über Geld? Die Armen, das tun sie immer. Dabei sind sie besonders nett. Richard ist anständig, und Jenny ist ... brav. Hol's der Teufel, ich möcht', sie wär's nicht.

JENNY *nimmt* Jack *nicht wahr* Was suchst du?

RICHARD *wie oben, schaut nicht auf von den Flaschen* Den Wodka.

JENNY Da steht er, genau vor dir.

RICHARD Nicht meine Sorte, nicht der polnische; Gesöff für Gäste — amerikanisches.

JENNY *»Du kannst mich«!* Ach, -tschuldige.

RICHARD Ist sowieso leer.

JACK *zum Publikum* Sehen Sie? Das ist es: Der polnische Wodka kostet acht Zechinen die Flasche. Das ist der springende Punkt: Geschmack. Und Geschmack ist teuer. Arme Kinder. *Vertraulich* Ich finde Jenny so reizvoll.

Nicht, daß ich sie gleich bespringe oder so. Meine Geile sitzt im Kopf, w i r k l i c h . . . m e i s t e n s .

RICHARD *zu* Jenny: Anständiger Wodka ist kein Luxus.

JENNY Ein Treibhaus auch nicht.

RICHARD Doch.

JACK *zum Publikum* Mein Onkel starb und hinterließ mir dreieinviertel Millionen. Was sehr angenehm ist. Was bedeutet: I c h kann ein Treibhaus haben u n d polnischen Wodka, p l u s dreißigjährigen schottischen Whisky, plus. . keine Sorgen – was das Angenehmste von allem ist, finden Sie nicht? *Greift in die Handlung ein.* Tag, Kinder!

RICHARD Hm?

JENNY *gereizt und erfreut: ihre Reaktion auf* Jack *ist immer eine Mischung zwischen Mütterlichkeit und Koketterie.* Ach, du lieber Gott, Jack!

RICHARD *seine Reaktion auf* Jack *ist eine Mischung von leichtem Mißtrauen, Unbehagen und natürlicher Freundlichkeit* Ach, du bist da, Jack.

JACK *sieht, daß sie ein wenig verlegen sind* Oh, wenn ich 'rumirre, fußwund und ziellos, wo zieht's mich immer hin? H i e r h e r. Und warum? Nun, wegen der herzlichen, gastlichen Aufnahme. Wie geht's euch, Kinder?

RICHARD Dürftig.

JENNY Glänzend!

JACK Paßt nicht zusammen.

RICHARD Was treibst du?

JACK *küßt* Jenny *auf die Stirn* War' schnell im Klub und hab' mir die Herzinfarkte angesehen, hab' am Pokertisch einen Blick riskiert und ein paar Hunderter liegenlassen . . . *Zu Jenny.* Du . . . riechst . . . wunderbar.

JENNY *erfreut* Danke.

JACK U n d . . . dachte, ich springe mal übern Zaun und besuch euch beide.

RICHARD *nett, aber ein Unterton* Jede Wette, du möchtest was trinken.

JENNY *um es zu überspielen* Mmmmmmhhh, ich auch!

JACK Wahnsinnig gern. Polnischen Wodka?

RICHARD *ein Blick zu* Jenny: Grade ausgegangen.

JENNY *zu* Richard: Warum machst du uns nicht einen prima Martini?

JACK *gluckst, gespielte Mißbilligung* Trinken – trinken – trinken.

RICHARD Wermut ist auch keiner da.

JACK Eine G a s t f r e u n d s c h a f t, Menschenskind!

RICHARD Ich hol' welchen.

JACK Fabelhaft! Bin ich endlich mal mit deiner Frau allein.

JENNY Ach, Jack!

RICHARD *gibt zu verstehen – »Wenn du bleibst, hol' ich welchen«* Bleibst du lang?

JENNY *fröhlicher Verweis* Richard!

JACK Eigentlich hatte ich mir ja vorgenommen, ein letztes Glas mit euch beiden zu leeren. Ich hab' nämlich jedem von euch eine Viertelmillion vermacht, und n a c h dem Glas wollte ich in den Keller 'runter und mich umbringen.

JENNY Oooooocchh.

RICHARD *ein wenig finster* Du solltest das irgendwo anders machen. Wir könnten Scherereien haben, an das Geld 'ranzukommen, wenn ... *Beendigt es nicht.*

JENNY *spielt mit* Ja ... man könnte ... Du w e i ß t doch ... Fragen stellen.

JACK *zum Publikum* Da hat er recht, wissen Sie. Köpfchen. *Zurück in die Handlung.* Ach. Meint ihr? Ja, also gut: Dann trink' ich nur was.

RICHARD *kleine, unsichere Pause* Gut. *Pause.* Dann geh' ich jetzt was holen.

JACK Geh, Angeber, geh.

JENNY *kichert* Ehrenwort, Richard, es passiert mir nichts.

JACK Du hast ein treues Weib, Richard. Keine Angst. *Zum Publikum:* Das hat er auch: Eine Rarität, eine tugendhafte Frau.

RICHARD *geht auf den Abgang zu; Diele* Ich weiß. Die einzige Sorte, die ich gelegentlich heirate.

JACK *echte Überraschung* Warst du schon mal verheiratet?

RICHARD *Überraschung* Nein. Ich hab' nur ... *um Worte verlegen* ... ich hab' nur ... irgendwas gesagt. *Zu* Jenny: Brauchst du ... brauchst du was? Vom Laden?

JENNY *schüttelt den Kopf* Äh – äh. Komm schnell wieder. Ach! Zigaretten!

RICHARD *im Begriff abzugehen, ein wenig bitter* Welche Sorte?

JENNY *ein aufgebender Seufzer und ein Lächeln* Die wir gern rauchen. Beeil dich jetzt.

Richard *geht ab.*

JACK *ruft dem abgegangenen* Richard *nach* Wiederseeehhhn! *Zu* Jenny, *fast eine Groucho-Marx-Parodie* Schnell! Er braucht 'ne Viertelstunde, sogar im Schneckentempo! Wo ist das Gastzimmer?

JENNY *lacht* Ach, hör doch auf, Jack! Außerdem bist du nicht mal ein Gast.

JACK *gespielte Überraschung* Nein? Was bin ich?

JENNY Du ... äh ... du gehörst zum Inventar.

JACK Etwas aus der Nachbarschaft? Plaggeist Jack, da - kommt - er - wieder - wahrscheinlich - betrunken - und - stiehlt - dem - Herrgott - die - Zeit - warum - also - nicht - allen - andern - den - Nachmittag - wenn - er - schon - mal - dabei - ist?

JENNY Mmmnnnn.

JACK *zum Publikum* Stimmt auch. So ist es, meine ich. Zeit, Zeit. Gott, was braucht man für einen Ehrgeiz, um sein Glück zu bewältigen. Ich hab' ihn nicht. *Wieder zu* Jenny: Laß mich dich malen.

JENNY *fröhlich; aber offensichtlich wurde das zwischen ihnen schon oft besprochen* Nein.

JACK Kostet Dich keinen Heller.

JENNY Nein.

JACK *zum Publikum* Ich bin kein schlechter Maler. Geschmeichelte Porträts der Reichen. *Wieder zu Jenny* Warum denn nicht?

JENNY Ich ... ich will einfach anders sein.

JACK *leichte Geilheit* Och, das bist du, Jenny.

JENNY Jedes, aber jedes Haus, das ich betrete, sooft Richard und ich eingeladen sind: Da hängt's! Sybil, Grace Donovan, Junie, Frau wie-heißt-sie-doch, Beachcomber oder so ähnlich ... – über dem Kamin, schlecht gerahmt, die Dame des Hauses: Dein Porträt.

JACK *Leitsatz* Damen lassen sich gern malen, ich male Damen, Damen hängen Bilder auf.

JENNY *rechtfertigend* Es gehört sich nicht.

JACK *kurzes Lachen* Erzähl das denen in Newport, und ich bin raus aus'm Geschäft. *Bohrend:* Übrigens: wetten, ich verdien' da oben in einem Vierteljahr mehr Geld als Richard im ganzen ...

JENNY Ach, Geld!

JACK *wartet einen Augenblick, ruhig, lächelnd* Ja? Geld?

JENNY Ich will mich einfach nicht ... ich will mich nicht anschauen müssen, Schluß.

JACK *sehr elegant* Wenn ich du wäre ... i c h würde. *Normaler Ton* Was ist los, mein Schatz?

JENNY Ach ... *Ganz aufrichtig, sogar traurig – für einen Spaß* Tätest du das, Jack? In den Keller gehen? Ich meine, Richard und mir, jedem von uns eine Viertelmillion vermachen und dich dann irgendwo umbringen? Ich meine das nicht böse.

JACK Für dich tät ich fast alles. *Nachträglicher Einfall, aber nicht leichtfertig* Solang es nicht dem, was ich für mich tun möchte, in die Quere kommt. Jenny *lacht kläglich* Was hast Du, Schätzchen?

JENNY *will nicht darüber reden* Müde. Nur ... müde.

JACK Brauchst du eine Brust, um dich auszuweinen?

JENNY Nöh ... Nur eine Viertelmillion und ein sorgloses Dasein.

JACK *schüttelt wissend den Kopf* Würde nichts nützen. Geld ist hungrig, einsam, will sich vermehren. Bleib arm, da bist du besser dran.

JENNY *schnaubt* Scheibenkleister! *Die Haustürglocke läutet* Jenny *geht auf die Diele zu.*

JACK Wirklich, viel besser.

JENNY *abgehend* Du mußt's ja w i s s e n.

JACK Ich halt' die A u g e n auf.

Jenny ist abgegangen, Jack wendet sich ans Publikum. Das stimmt, es tut's: Geld will immer mehr Geld zur Gesellschaft. Und ein b i ß c h e n Geld ist eine gefährliche Sache. Setz dir nicht eine Million zum Ziel, das ist der kritische Punkt. Wenn ich s t e r b e n sollte ... i c h würde keinem von beiden eine Viertelmillion hinterlassen. Schlecht. Ich hinterließe den beiden die ganzen verfluchten drei. Das ist übrigens gar keine schlechte Idee. Mit drei Millionen mehr wären sie die Sorgen los. Ich glaube, ich werd's tun. Ja: Betrachten Sie's als abgemacht. *Überlegt.* Ich bin zwar g e s u n d. Sie kriegen's vielleicht nicht, bis es viel zu spät ist. Trotzdem ... betrachten Sie's als abgemacht.

JENNYS STIMME *von der Diele* Nein, natürlich nicht, das ist doch Unsinn. *Jenny tritt auf, gefolgt von Frau Toothe.*

FRAU TOOTHE *auftretend* Ich h ä t t e anrufen sollen, statt plötzlich vor Ihrer Haustür zu stehen, aber ich dachte, daß an ... Ach, das muß Ihr Mann sein. Sehr erfreut, ich bin Frau Toothe, und Ihre Frau war so freundlich, mich ...

JENNY *ein kleines Lachen* Oh, nein, das ist nicht Richard – mein Mann, ich meine ...

FRAU TOOTHE Ach. Na ja.

JENNY *ein wenig lahm* Das ist bloß ... Jack.

FRAU TOOTHE *hält* Jack *die Hand hin* Das macht nichts. Trotzdem ... sehr erfreut.

JACK *nimmt die Hand und macht eine knappe, formelle Verbeugung* Frau Toothe.

JENNY *lahm, es macht sie verlegen* Jack ist nur ... auf einen Sprung vorbeigekommen.

FRAU TOOTHE *unverbindlich* Natürlich, ein Freund der Familie.

JENNY Ja.

JACK *zu* Frau Toothe Keineswegs: Ein heimlicher Verehrer der lieblichen Jenny. Ich schau' nur rein, wenn Richard fort ist. Wir haben ein Signal: Höschen auf der Wäscheleine.

JENNY Jack!

FRAU TOOTHE Himmlisch!

JENNY *zu* Frau Toothe, *verlegen und deshalb wütend* Es ist kein wahres Wort an dem, was er sagt. Es ist kein wahres Wort an irgend etwas, was er sagt, jemals.

JACK *immer noch zu* Frau Toothe Weiße Höschen, wenn wir eine Stunde haben, gelbe, wenn wir uns beeilen müssen, rosarote für jene besonderen Gelegenheiten ...

JENNY Jack! Bitte!

JACK *schüttelt den Kopf, traurig* Ich muß es zugeben, gnädige Frau, ich bin nur, was sie sagt: Ein Freund der Familie ... auf einen Sprung zu Besuch. Aber verdammt reizvoll, ich möchte, 's wär wahr.

FRAU TOOTHE *zufrieden und mitfühlend* Aaaacchh.

JENNY Warum stehen wir denn alle? Bitte, setzen Sie sich, Frau ... äh ... Toothe.

FRAU TOOTHE *setzt sich* Dankeschön.

JENNY Jack, glaubst du nicht, du müßtest ...?

JACK *zeigt deutlich, daß er den Wink verstanden hat* Herrjeh, ich muß mich auf die Beine machen! Andere Wäscheleinen, noch mehr Höschen. Im Villenviertel vor der Stadt ist dem Sünder keine Ruhe vergönnt. Frau Toothe, es war ...

FRAU TOOTHE Ein großes Vergnügen. Und bringen Sie Ihre Signale nicht durcheinander. *Jenny begleitet Jack zu den Fenstertüren zum Garten.*

JACK Sag Richard, ich komm' ein andermal zum Martini. *Sotto voce.* Wer ist sie? Deine gute Fee?

JENNY Gehst du jetzt?

JACK *küßt sie auf die Stirn* Wiedersehen. *Zum Publikum, ein Winken, bevor er schnell abgeht.* Wiedersehen.

Jack ist abgegangen. Jenny kehrt zu Frau Toothe zurück.

JENNY Sie dürfen kein Wort von dem, was Jack sagt, glauben, Frau ...

FRAU TOOTHE *hebt eine Hand, um sie zum Schweigen zu bringen* Nicht doch. Ich kann einen Liebhaber von einem Freund unterscheiden.

JENNY *vielleicht sogar ein wenig gekränkt* Ach? Wie?

FRAU TOOTHE *lacht* Hierzulande sind sie sehr selten identisch.

JENNY Sie sind Engländerin.

FRAU TOOTHE Ja. Sehr.

Kleine Stille.

Trinken Sie einen Tee ... oder etwas Alkoholisches?

FRAU TOOTHE *sehr zielstrebig* Nein, danke. Ich bin geschäftlich hier. Rein geschäftlich.

JENNY *Pause.* Ach?

FRAU TOOTHE Man hat mir erzählt, Sie brauchen eine Arbeit?

JENNY *einigermaßen verwirrt* Wer ... wer hat Ihnen das erzählt?

FRAU TOOTHE *leicht* Ach, eine Freundin von Ihnen.

JENNY *neugierig, immer noch verwirrt* So? Wer?

FRAU TOOTHE Unwichtig. Irre ich mich?

JENNY *ein wenig unbehaglich* Ja ... nein ... das heißt, ich hatte im S i n n , mir eine Arbeit zu suchen ...

FRAU TOOTHE Jawohl, das habe ich mir gedacht.

JENNY Keine ... keine Lebensstellung, verstehen Sie, einfach irgendeine ...

FRAU TOOTHE ... Nebenbeschäftigung. Etwas, was ein bißchen Taschengeld einbringt.

JENNY Na ja, Sie wissen, wie's ist: mein Sohn ist in der Schule, und ich hab' zuviel Freizeit. Außerdem kann man Geld immer brauchen, nicht?

FRAU TOOTHE *schaut sich um; unverbindlich* Ja, sicher.

JENNY Heutzutage ... die Steuern, und die Privatschule ...

FRAU TOOTHE Oh, ja; ja, ganz recht. Was tut Ihr Mann?

JENNY *unbehaglich, als ob sie interviewt würde* Ach, er ... er ist wissenschaftlicher Chemiker und ...

FRAU TOOTHE ... und das bringt, wie so manche gute Sache, weniger ein, als es sollte.

JENNY *stellt sich vor* Richard: Oh, er verdient nicht a l l z u schlecht. Ich meine ...

FRAU TOOTHE *wieder das Lachen* Selbstverständlich nicht! Aber trotzdem möchten Sie eine Arbeit.

JENNY *schaut zur Diele, schuldbewußt* – Richard *könnte zurückkommen* Na ja ... ja. Man ... möchte sich nützlich vorkommen.

FRAU TOOTHE *schaut in ihre Handtasche* Ja. Nützlich. *Sie nimmt ein dickes Bündel Geldscheine heraus und zeigt es Jenny* Geld.

Jenny *schaut es nur an, ihr Mund öffnet sich ein wenig.* Für Sie. *Macht Anstalten, es ihr zu geben.*

JENNY Ja, aber ... *lacht ein wenig; verblüfft.*

FRAU TOOTHE *nickt* Ja, Geld. Für S i e. Tausend Dollar. Hier, nehmen Sie.

JENNY *ein wenig davor zurückweichend* Ja – nein, ich ...

FRAU TOOTHE Zählen Sie es, wenn Sie wollen. Hier. Tausend Dollar. *Versucht, es ihr aufzudrängen.*

JENNY *ein wenig erschrocken* Nein!

FRAU TOOTHE Bitte sehr. *So ruhig sie kann, steht sie auf, geht mit dem Geld zum Kamin und wirft es auf die brennenden* Scheite.

JENNY *Reflexbewegung, rennt zum Kamin, greift mit den Händen fast ins Feuer, stößt einen kleinen Schrei aus, richtet sich auf, beherrscht sich* Oh – ... ich glaub, es wär besser, Sie gingen, Frau Toothe.

FRAU TOOTHE *rätselhaftes Lächeln* Noch nicht. Fangen wir von vorne an.

Sie entnimmt ihrer Handtasche noch ein Bündel Geldscheine, tut so, als ob sie es ins Feuer werfen wolle. Jenny *streckt die Hand hin,* Frau Toothe *händigt ihr ganz ruhig das Geld aus und nimmt wieder Platz.* Jenny bleibt stehen.

JENNY *sie nimmt ihren Blick nie von* Frau Toothe: Sie sind vollkommen wahnsinnig.

FRAU TOOTHE Nein. Sehr reich.

JENNY *betrachtet das Geld, wägt es fast* Hören Sie ... Sie können mir nicht ... mir nicht einfach Geld geben. Ich kann doch nicht ... einfach Geld von Ihnen annehmen.

FRAU TOOTHE *ein kleines Lachen* Sie haben es getan. Es gehört Ihnen. Wissen Sie nicht etwas, was Sie kaufen möchten? Für sich ... für ... wie heißt er ...? ... Richard?

JENNY Leute können Leuten nicht einfach Geld geben. Ich will arbeiten.

FRAU TOOTHE Also gut. Das ist ein Vorschuß auf Ihr Honorar. Sie können für mich arbeiten.

JENNY Aber ich hab' nicht g e s a g t, daß ich überhaupt eine Arbeit a n n e h m e. Richard ist absolut dagegen, und ...

FRAU TOOTHE *fordert sie heraus, abzulehnen* Man hat mir erzählt, Sie brauchen Geld.

JENNY Ja ... aber Richard wär mit sowas nicht einverstanden, und ...

FRAU TOOTHE Mit was? *Zeigt auf das Geld* Fände d a s nicht sein Einverständnis?

JENNY *betrachtet das Geld in ihrer Hand* Entschuldigen Sie, ich wollte nicht unhöflich sein ... aber es ist alles so unklar, nicht? Und ... und so unverhofft.

FRAU TOOTHE *achselzuckend* Es ist eine Arbeit.

JENNY *nervöses Lachen in der Stimme* Ja, Sie werden mir sagen müssen, w a s es ist. Ich meine, Geld ist nicht alles.

FRAU TOOTHE Nein? Was ist Geld nicht? Da haben Sie's! Dieses Haus ist Geld, der Garten dort, dieser wunderschöne Garten, die Kleider, die Sie tragen; das alles ist G e l d, nicht wahr?

JENNY Die Arbeit?

FRAU TOOTHE Wic sieht die Arbeitszeit Ihres Mannes aus?

JENNY Er geht morgens um acht weg und kommt abends um sieben Uhr dreißig aus der Stadt nach Hause, aber ...

FRAU TOOTHE Sehr gut. S i e werden an vier Nachmittagen in die Stadt kommen, sagen wir von eins bis fünf. Sie werden zu m i r kommen ... hervorragende Adresse: da praktizieren Psychiater, Ärzte ...

JENNY Soll ich ... äh ... als Empfangsdame arbeiten?

FRAU TOOTHE Empfangsdame?

JENNY Verabredungen ... Verabredungen treffen und so weiter?

FRAU TOOTHE I c h treffe Verabredungen. Für S i e.

JENNY *winzige Pause* Für mich? Mit wem?

FRAU TOOTHE Kunden.

JENNY *unschuldig* W o f ü r?

FRAU TOOTHE Für hundert Dollar.

JENNY Nein, ich meine ... Hundert Dollar?

FRAU TOOTHE Manchmal mehr – falls sie großzügig sind.

JENNY Aber diese Kunden ... wer sind sie?

FRAU TOOTHE Manche Geschäftsleute, manche Touristen. Lauter feine Herren, alle reich.

JENNY *das Wissen ist vorhanden, wird aber noch nicht eingestanden* Was ... genau ausgedrückt ... was, genau ausgedrückt, hätte ich zu tun ... für dieses Geld?

Frau Toothe *lacht leicht. Mit dem Eingeständnis fällt* Jennys *Unterkiefer. Pause.* Jenny *nimmt das Bündel Geldscheine und hält es* Frau Toothe *hin. Ruhig, hart.*

Verlassen Sie mein Haus.

Frau Toothe *rührt sich nicht.* Jenny *läßt das Geld auf den Tisch fallen.*

Ich rufe die Polizei.

FRAU TOOTHE *die Ruhe selber; ein wenig herablassend* Warum in aller Welt?

JENNY *bebend* Sie wissen warum!

FRAU TOOTHE *lächelt* Ich habe nichts gesagt.

JENNY Sie wissen, was Sie vorgeschlagen haben!

FRAU TOOTHE *achselzuckend* Daß Sie Geld verdienen.

JENNY AUF DIESE WEISE!?!

FRAU TOOTHE Sie haben eine Freundin, die es tut.

JENNY W e r ? !

FRAU TOOTHE Nicht doch. Wir sind diskret.

JENNY *durch die Zähne* Ich glaube Ihnen nicht, kein Wort! Die Leute hier t ä t e n sowas nicht. Sie haben ja keine Ahnung, Sie wissen nicht, wie wir sind!

FRAU TOOTHE *gleichgültig* Glauben Sie, was Sie wollen.

JENNY Vielleicht die Frau eines Kleinkrämers, so jemand meinen Sie.

FRAU TOOTHE Ich meine eine Freundin von Ihnen. Eine sehr nette Frau mit einem wunderhübschen Haus, das besonders nett eingerichtet ist – viel netter, übrigens, als dieses – eine Frau, die keine Geldsorgen mehr hat, die sehr glücklich ist. Das könnten auch Sie sein.

JENNY Sie sind ein dreckiges Frauenzimmer! ES IST EKELHAFT!

FRAU TOOTHE *ganz ruhig* Nichts ist ekelhaft, es sei denn, man ist angeekelt.

JENNY SIE SIND DURCH UND DURCH SCHLECHT!

FRAU TOOTHE Ja, ja ...

JENNY ICH GEH ZUR POLIZEI!

FRAU TOOTHE *steht auf, streckt sich ein wenig* Schön. Dann wird man mich vielleicht verhaften.

JENNY Ich hoffe, man steckt Sie ins Gefängnis!

FRAU TOOTHE Nun ja, das wird man wahrscheinlich; und dann werde ich alles zugeben.

JENNY Alles?

FRAU TOOTHE Ja. Wie Sie an mich herangetreten sind und wir verhandelt haben, aber die Bedingungen Ihnen nicht paßten. Es war nicht genug Geld.

JENNY DAS IST NICHT WAHR!

FRAU TOOTHE Vielleicht nicht. Aber ich nehme an, es fände Gehör. Bei genug Leuten.

JENNY HINAUS!

FRAU TOOTHE *nimmt eine Visitenkarte aus der Handtasche* Hier ist meine Karte ... Adresse, Telefon. Lassen Sie mich wissen, was Sie beschließen.

JENNY *Tonwechsel, fast in Tränen* Bitte? Bitte gehen Sie?

FRAU TOOTHE Keine Polizei also ...? ... Gut, *Sieht, daß Jenny die Visitenkarte nicht an sich nehmen will und legt sie neben das Geldscheinbündel auf den Tisch* Aber rufen Sie mich nicht vor zehn an, bitte. Mein Schlaf ist mir sehr lieb.

JENNY Bitte? Gehen Sie?

FRAU TOOTHE *lächelt* Ich bringe mich selber hinaus. Sehr nett, Ihre Bekanntschaft gemacht zu haben. *Betrachtet ein letztes Mal den Garten* Was für ein wunderschöner Garten. Haben Sie ein Treibhaus? *Lächelt, geht ab und läßt* Jenny *in der Mitte des Zimmers stehen.*

Jenny *schaut* Frau Toothe *während eines langen Augenblicks nach, ohne sich zu rühren. Dann fällt ihr Blick auf den Tisch, auf dem das Geldscheinbündel und die Visitenkarte von* Frau Toothe *liegen. Sie nimmt die Karte, liest sie, indem sie die Lippen bewegt, reißt die Karte dann mit einer Grimasse entzwei, um sie, als ob sie Kot in den Händen hätte, zum Papierkorb zu tragen und hineinfallen zu lassen. Sie geht zum Tisch zurück, starrt das Geld an, nimmt es, betrachtet es – auf distanzierte Weise fasziniert –, weiß nicht recht, was sie damit tun soll, legt es schließlich ziemlich entschlossen in eine Schublade, verschließt diese, behält Schlüssel, geht auf die Verandatür zu, schaut auf die verschlossene Lade zurück, geht, bleibt in der Verandatür stehen und schaut hinaus.*

RICHARDS STIMME *von der Diele* Jeee-nnn-yyy! *Er tritt mit einer Papiertüte voller Schnapsflaschen auf* Ach, da bist du. Wer, zum Kuckuck, war das Stückchen Alt-England, das da über unsern Gartenweg trippelte? »Guten Nachmittag«, sagte sie ... – Ja, wo, zum Teufel, ist er ... – Jack?

JENNY *ziemlich ausdruckslos* Grüß dich.

RICHARD *stellt die Tüte ab und entnimmt ihr die Schnapsflaschen* Na, wer war das – deine gute Fee?

JENNY *einigermaßen beunruhigt* Meine was?

RICHARD Die Frau. Die Dame. Wer war das?

JENNY *immer noch abwesend* Ach so. Frau Toothe.

RICHARD Frau was?

JENNY Toothe, Toothe.

RICHARD Du verkohlst mich. Wo ist Jack!

JENNY Das ist ein völlig normaler englischer Name ... *Pause* ... glaube ich. Jack? Er ist gegangen.

RICHARD Sieht ihm ähnlich. Schickt mich weg, um den Schnapsladen aufzukaufen und verdrückt sich.

JENNY Es war deine Idee.

RICHARD *ein wenig verstimmt* Wer war sie?

JENNY Frau Toothe? *Wegwerfend* Ach ... vom Komitee, wollte mich fürs Krankenhaus ...

RICHARD Umsonst? Oder für Geld?

JENNY *Pause. Beiläufig* Geld.

RICHARD Nein!

JENNY *Pause. Leise* Schon gut.

RICHARD *betrachtet den Schnaps* Ja ... – da alle deine reichen Gäste weg sind, müssen wir uns allein dem Trunk ergeben. Was möchtest du? Einen Martini?

JENNY *sehr aufrichtig* Ja, ich glaube, das tät gut.

RICHARD Fein. *Beginnt, den Martini zu machen; das Eis ist schon da* Weißt du, was Tom Palmer neulich gesagt hat?

JENNY *abwesend und nicht gerade unfreundlich, aber auch nicht freundlich* Nein, ich weiß es nicht. Ich hab' Tom Palmer neulich nicht gesehn. Was hat Tom Palmer gesagt?

RICHARD *schaut* Jenny *kurz an, forschend, wendet sich dann wieder seiner Tätigkeit zu* Er hat gesagt, Jack sei im Klub gewesen, an der Bar ... besoffen wie gewöhnlich ...

JENNY Jack betrinkt sich nicht immer.

RICHARD *ein wenig verärgert* Er trinkt immer.

JENNY *dogmatisch* Das heißt nicht, daß er immer betrunken ist.

RICHARD Ich erzähl' ja nur, was Tom Palmer gesagt hat.

JENNY Tom Palmer ist ein altes Waschweib.

RICHARD *ziemlich verärgert* Ich will mich nicht streiten!

JENNY Ich auch nicht! *Zerknirscht* Entschuldige, Liebling.

Pause.

Du bist ein guter, anständiger Mann, und ich liebe dich.

RICHARD *grollend* Na ja, du bist eine gute, anständige Frau, und ich liebe dich auch. Und als Beweis meiner Liebe kriegst du jetzt einen Martini, wie er im Buch steht, Hausmarke.

JENNY Oh, ja, bitte. *Sie holt sich den Martini, nimmt ihn ihm ab; sie legen die Arme umeinander und gehen auf das Sofa zu; er küßt sie auf den Kopf.*

RICHARD I c h finde, du riechst sogar besser als Jack . . .

JENNY *schnurrend* Wann hast du denn an Jack gerochen?

RICHARD Als J a c k findet, daß du riechst.

JENNY Ach so. *Richard versucht, sie in den Nacken zu beißen.* Au! Hörst du auf! Ich verschütte meinen Martini. *Sie sitzen auf dem Sofa und entspannen sich.*

RICHARD *ein wenig bitter* Willst du was echt Komisches hören?

JENNY Ich glaube n i c h t. Was?

RICHARD Ich war im Schnapsladen . . .

JENNY Zum Totlachen.

RICHARD Still! Ich war im Schnapsladen, und Grady, der Besitzer . . . weißt du, was er mir erzählt hat?

JENNY Nein. Was?

RICHARD Er schafft sich einen zweiten Wagen an! Er gibt nicht den alten in Zahlung, nein, er schafft sich einen Zweitwagen an.

JENNY Und?

RICHARD Ein Kerl mit einem lausigen kleinen Schnapsladen kann sich zwei Wagen leisten! Und wir müssen mit . . .

JENNY Hast du Zigaretten mitgebracht?

RICHARD Hm? *Bringt sie zum Vorschein.* Ach ja, hier.

JENNY *sie nimmt sich eine, er auch. Er gibt ihr und sich Feuer* Ich möchte wissen, was mehr Leute umbringt: Schnaps oder Autos?

RICHARD Beides zusammen ist gar nicht übel. Was gibt's zum Abendessen?

Pause.

JENNY Komm, wir gehen a u s . . . zum Essen.

RICHARD Wohin?

JENNY *überschwenglich* Gehn wir ... gehn wir ins »Le Cavalier«.

RICHARD *schnaubt* Du bist wohl übergeschnappt?

JENNY Nein! Bitte!

RICHARD Das kostet fünfundzwanzig Dollar pro Person. Mit Apéritif und Wein kostet das fünfundzwanzig Dollar pro Person!

Pause.

JENNY *vorsichtig* Ich h a b e 'n bißchen Geld.

RICHARD *hat nur halb zugehört* Hm?

JENNY Ich hab' gesagt, ich h a b e ein bißchen Geld.

RICHARD *schwaches Interesse* Wieso?

JENNY *sehr obenhin* Ach, ich ... hab' ein wenig beiseite gelegt ... vom Haushaltsgeld. Ich spar' jede Woche ein bißchen.

RICHARD *nett* Ich werd' verrückt!

JENNY Komm, wir gehen aus, das tut uns mal gut. Gehn wir ins »Le Cavalier«, leisten wir uns was!

RICHARD Wollen wir uns einreden, wir können's uns erlauben?

JENNY Klar! Komm, das tut uns beiden mal gut.

RICHARD Du raffiniertes Ding. Wieviel hast du?

JENNY Ach ... genug. Los jetzt.

RICHARD Du durchtriebenes Mädchen. *Steht auf.* Ich geh' schnell unter die Dusche. Wirklich? Du hast genug?

JENNY Ja. Räum lieber erst die Sachen im Garten weg, bevor du ins Bad gehst.

RICHARD Zu Befehl. *Geht auf die Verandatür zu.* Du durchtriebenes Ding, du. *Geht hinaus.*

Jenny *wartet, bis er verschwunden ist, geht langsam zum Schreibtisch, schließt die Schublade auf, nimmt das Geldscheinbündel heraus, zieht einige Scheine ab, legt sie auf den Tisch, zögert einen Augenblick, als ob sie noch einmal darüber nachdächte, legt dann den Rest des Geldes in die Schublade zurück, verschließt sie wieder und zieht den Schlüssel ab. Sie steht einen Augenblick, betrachtet den Papierkorb, stellt ihn auf den Tisch, entnimmt ihm die beiden Hälften der Visitenkarte von* Frau Toothe, *fügt sie zusammen, betrachtet die Karte.* Richard *steckt den Kopf herein.* Jenny *zuckt weder zusammen noch versucht sie, die Karte zu verbergen; sie weiß, daß* Richard *die Karte entweder nicht sehen kann oder nicht danach fragen wird.*

RICHARD Jenny?
JENNY Hm?
RICHARD *etwas nachdenklich* Liebling? Was kostet ein Treibhaus? Ein kleines . . . weißt du?
JENNY Warum?
RICHARD Es nimmt mich nur wunder.
JENNY *blickt auf* Ein schönes Stück Geld.
RICHARD Es nimmt mich nur wunder. *Geht wieder hinaus.*
JENNY *betrachtet die Visitenkarte, schüttelt den Kopf. Ein wenig schuldbewußt* Ein schönes Stück Geld.

Vorhang

Zweite Szene

Sechs Monate später, dieselbe Dekoration, früher Nachmittag. Richard *sitzt am Schreibtisch, begleicht Rechnungen, schüttelt gelegentlich verzweifelt den Kopf. Geräusch der sich öffnenden und wieder schließenden Haustür.* Jenny *tritt mit Paketen auf.*

JENNY *fröhlich* Tag.
RICHARD *verdrießlich* Tag.
JENNY Am Samstag soll man ausruhn. Warum arbeitest du nicht draußen im Garten? Richard *lacht verärgert.* Oder liegst . . . liegst einfach 'rum?
RICHARD *gezwungenes Lächeln* Ich zahle Rechnungen.
JENNY Ach so. *Legt die Pakete ab.* Typisch, nicht? Ich geh' einkaufen und vergeß' die Hälfte.
RICHARD Hast du dir keine Liste gemacht?
JENNY Doch. Ich hab' auch alles, was ich aufgeschrieben habe. Ich hab' nur vergessen, alles a u f z u s c h r e i b e n.
RICHARD Was, zum Beispiel?
JENNY Was? Zum Beispiel . . .: Limonade, Milch und Kuchenzutaten, und . . .
RICHARD Wozu?
JENNY Wir haben einen Sohn, stimmt's?
RICHARD *abwesend* Äh-häm.
Pause.
JENNY Er kommt heut nach Hause!

RICHARD *Verwirrung, Freude* Roger? Heute? Nach Hause?
JENNY *als ob er blöde wäre* Ja. Ferien.
RICHARD Mich trifft der Schlag.
JENNY Mmmmmmm. Und Haferflocken und so'n Kram, glaub' ich.
RICHARD Kein Ferienlager dieses Jahr.
JENNY Hm?
RICHARD Kein Ferienlager dieses Jahr. Für Roger. Kein Ferienlager. Kann's mir nicht leisten.
JENNY *unverbindlich, sie denkt an etwas anderes* Ach? Im Ernst?
RICHARD Im Ernst.
JENNY *schreibt ihre Liste* Ob wir's uns leisten können oder nicht: Ich fänd's hübsch, wenn er den Sommer über mal h i e r wäre. Lernt man ihn kennen.
RICHARD *beharrlich nörgelnd* Hübsch oder nicht ...: unumgänglich.
JENNY Kann d i r helfen, m i r helfen ...
RICHARD Weil du grad dabei bist: bring Briefumschläge mit.
JENNY Sind welche da.
RICHARD Nein. Nur die ... die Papierschleife ... wo sie drin waren.
JENNY *schreibt es auf* Gut. Er kann dir im Garten helfen.
RICHARD Mmmm. Oder vielleicht können wir ihm eine Arbeit verschaffen ... Zeitungen austragen.
JENNY *leicht angewidert und entrüstet* Aber wirklich!
RICHARD Du bist doch so drauf versessen, daß hier jeder was arbeitet ...
JENNY Er ist noch ein Kind!
RICHARD Wahrscheinlich hat er schon 'ne feste Freundin – irgendein Mädchen aus der Umgebung der Schule; haut nachts wahrscheinlich ab und steigt ihr auf die Bude ...
JENNY *protestierend, verlegen* Richard!
RICHARD Kinder werden heutzutage früh erwachsen.
JENNY Roger ist vierzehn Jahre alt!
RICHARD Wenn alles richtig funktioniert, hat er keinen Grund, sich nicht vernaschen zu lassen, oder? Außerdem ist er fünfzehn.
JENNY Es r e i c h t jetzt.
RICHARD Ist mir lieber als vielerlei anderes.

JENNY HÖR AUF!

Stille.

RICHARD *schüttelt den Kopf, lächelt schließlich ein wenig traurig* Ich hab' mal ein Mädchen gekannt – als ich dich schon ausführte –, nicht so gut, daß der Wecker auf sieben gestellt werden mußte oder dergleichen, aber . . .

JENNY *ein wenig hart* Ich bin nicht genußsüchtig.

RICHARD Nein, im Ernst. Aber ich hatte an ihren Freuden nicht teil, weil ich mir auf d i c h Hoffnungen machte . . .

Jenny schnaubt.

Du hast sie kennengelernt, glaube ich, aber ich sag dir nicht, wer sie war, weil es sie immer noch g i b t – . . . sie stand im Ruf einer tüchtigen Verzehrerin . . .

JENNY *ein wenig gelangweilt und verärgert* Bitte, Richard.

RICHARD Nein, m e h r als tüchtig: süchtig . . .! . . . in Gastzimmern bei Einladungen . . . buchstäblich fleischfressend...

JENNY Laß die arme Frau in R u h e.

RICHARD *leichte Spitze* Ich t u ihr ja nichts.

Stille.

Ich wollte sie nur mit dir vergleichen.

JENNY *sarkastisch* Was du nicht sagtst.

RICHARD Zu deinen Gunsten.

JENNY *triefende Ironie* Aaaacccchhh.

RICHARD In Gesellschaft – womit ich außerhalb des Bettes meine, was ein beschönigender Ausdruck für Müllhaufen und Abfalleimer ist – hielt man sie allgemein für die Königinmutter. Erhaben? Sie gebrauchte buchstäblich den Pluralis Majestatis: WIR. So echt, daß man ihr nie draufgekommen wäre.

JENNY *nicht nett* Und was hat das mit mir zu tun?

RICHARD Ach so. Es fiel mir ein, als ich sagte, Roger habe wahrscheinlich schon eine feste Freundin.

JENNY Er lasse sich vernaschen, hast du gesagt.

RICHARD Jacke wie Hose.

JENNY Erzähl das den Soziologen.

RICHARD Die müssen's ja wissen. Ich sagte, Roger habe wahrscheinlich schon eine feste Freundin, und du wurdest ganz komisch und rot und . . .

JENNY Ich habe nicht eingesehn, warum du das Haus zusammenbrüllst und . . .

RICHARD *zornig* Wer kann uns hören? Die Dienerschaft?

JENNY Schrei mich nicht an!

RICHARD *Pause. Kopfschütteln, wimmerndes Lachen* Ich wollte doch nur sagen, was für eine komische, dumme, wunderbare kleine . . .

JENNY Du spinnst.

RICHARD Das bist du! Du bist eine gute Ehefrau, und du bist gut im Bett, aber du bist komisch und . . . prüde.

JENNY Prüde?!

RICHARD Ja! Prüde!

JENNY Tut mir l e i d.

RICHARD Und dann fiel mir, äh, wie-heißt-sie . . . die sich wie die Königinmutter aufführte . . . ein, und wie lächerlich sie war, und da hast du dich einfach albern benommen und . . . *murmelt* . . . ach, Himmelherrgott, lassen wir's doch.

Pause.

Ich wollte dir nur ein K o m p l i m e n t machen! Ich wollte nett sein.

JENNY *überlegt und verwirft seine Begründung* Ich begreife nicht, wozu du überhaupt von ihr angefangen hast.

RICHARD *hilfloser Zorn* ICH AUCH NICHT!

JENNY Ich glaube, ich sollte ein paar schweinische Witze auswendig lernen oder den Leuten von einigen deiner Absonderlichkeiten erzählen, wenn die Sprache auf . . . .

RICHARD Ach, hör doch auf!

Stille.

JENNY *versucht, ein Lächeln zu unterdrücken* Wer war sie?

Richard schmollt, schüttelt den Kopf.

Sag schon, wer war sie?

RICHARD Nein, nein.

JENNY *kitzelt ihn ein wenig* Ach, sag's doch!

RICHARD *glücklicher* Nein. Hör jetzt auf.

Sie kitzelt mehr, er packt sie; kichernd ringen sie ein wenig auf dem Sofa, enden bei einem Kuß, küssen sich wieder, diesmal länger, weit ernsthafter.

JENNY Äh-äh, nicht jetzt.

RICHARD Oooocchhh . . .

JENNY Nein. Plötzlich kommt Roger rein und . . .

RICHARD Na und? Kann er seinen Freunden erzählen, wir seien noch am Leben.

JENNY Nein, l a ß jetzt, n i c h t.

RICHARD *lehnt sich zurück, seufzt* Na, schön.

Pause.

JENNY Wer war sie?

RICHARD *schüttelt den Kopf* Äh-äh, ich hab's versprochen.

JENNY *ihre Augen verengen sich* Wem?

RICHARD Mir selber. Selbstdisziplin.

JENNY *befreit sich* Ach, wahrhaftig!

RICHARD Ein bißchen kann nicht schaden.

JENNY *betrachtet sich prüfend und beifällig im Spiegel* Hast du heut in die Zeitung geschaut?

RICHARD *abwesend* Mmmmm.

JENNY War ein Inserat drin.

RICHARD *zurück zum Schreibtisch* Für was? Verteilen sie Geld? Ich könnt', weiß Gott, 'n bißchen brauchen, wenn sie . . .

JENNY *betrachtet sich immer noch* Nein, für ein Treibhaus: Gerüst ganz aus Aluminium, gewölbte Scheiben . . .

RICHARD *haut ein Blatt Papier auf den Tisch* Himmelherrgottnochmal, Jenny!

Pause, während sie ihn ein wenig überheblich anschaut.

Ich habe dir eben gesagt, daß Roger dieses Jahr nicht ins Ferienlager kann, weil wir's uns nicht leisten können, und . . .

JENNY *gleichgültige, leichtfertige Verachtung* Ach, Geld-Geld-Geld.

RICHARD Ja, Geld. *Zeigt Rechnungen* Öl. Der Wagen. Das Elektrizitätswerk – die Schweine. Ein Kostenvoranschlag fürs Dach – undichte Stelle.

Haustürglocke läutet.

JENNY Hat geläutet.

RICHARD *wendet sich wieder seiner Arbeit zu.* Ja. Warum gehst du nicht hin?

JENNY *winzige Pause* Warum gehst du nicht?

RICHARD Hm?

JENNY Warum gehst d u nicht hin?

RICHARD *jammert leicht* Weil ich arbeite, Liebling. Siehst du nicht, daß ich . . .

JENNY Und wenn's für d i c h ist?

RICHARD *leichte Verwirrung* Dann kannst du mir sagen, wer es i s t. Oder w a s.

JENNY *Pause, zögert* Ach? Ja, das stimmt.

Es läutet wieder.

RICHARD *wirft den Füllfederhalter hin, steht auf, geht hinaus* Himmelherrgott!

Vielleicht hören wir Richard *draußen* Ja? *sagen und dann:* Oh, natürlich. *Während er draußen ist, geht* Jenny *ein wenig im Zimmer herum und übt »Desinteresse«.* Richard *tritt mit einem kleinen Paket wieder auf; braunes Papier, verschnürt, viele Briefmarken, Eilboten usw.*

JENNY Wer war's?

RICHARD *betrachtet mit einiger Neugier und widerwillig das Paket* Ein Päckchen.

JENNY Ach, für mich?

RICHARD Nein. Für mich. *Schüttelt es, betrachtet es wieder.*

JENNY *Pause.* Na ... *Pause.* Mach's auf.

RICHARD *legt es auf den Tisch, starrt es an, Hände in den Hüften* Möcht wissen, was drin ist.

JENNY *kleines Lachen* Mach's doch auf und schau nach.

RICHARD *nimmt es wieder und betrachtet es von allen Seiten* Eilboten ... und kein Absender.

JENNY Mach's doch schon auf, um Himmels willen.

RICHARD *versucht Verschnürung aufzureißen, kann nicht* Es ... ist so verschnürt ... *Nimmt ein Taschenmesser, schneidet Schnur durch, fängt an aufzuwickeln.* Jenny *hält Distanz.* Richard *enthüllt Inhalt. Verblüffung überkommt ihn langsam.*

JENNY *um Gleichgültigkeit bemüht* Was ... w a s ist es?

RICHARD *Staunen* Jenny! Schau!

JENNY Hm?

RICHARD Jenny! Es ist Geld!

JENNY Es ist was?

RICHARD ES IST GELD!!

JENNY *heuchelt Ungläubigkeit, kindisches Vergnügen* Geld. Es ist Geld?

RICHARD *unterdrückt, erschrocken* Jenny, es ist Geld. Es ist ein großer Haufen Geld.

JENNY *geht einen Schritt näher* Ja ... ja, du lieber Himmel.

RICHARD Jenny lauter Zehndollarnoten, in Bündeln von je fünfhundert Dollar.

JENNY *wunderschöne Verwirrung* Und ... w i e v i e l? Wieviel i s t es?

RICHARD *fängt an laut zu zählen, dann leise* Eins, zwei, drei, vier, fünf, sechs, sieben, acht, neun ...

JENNY *während er zählt; macht Pausen dazwischen*
Das ist ... ist unglaublich. Ich habe ... völlig unglaublich.

RICHARD Warte ... Da sind Hundertdollarnoten. Eins, zwei, drei, vier ... *Leichte Verwirrung.* Viertausendneunhundert Dollar.

JENNY *beträchtliche Verwirrung* Viertausendneunhundert?

RICHARD Jenny, es sind fast fünftausend Dollar. Viertausendneunhundert Dollar. Jenny! Viertausendneunhundert Dollar!

JENNY Nein, das ist unglaublich! Nicht fünftausend?

RICHARD *plötzlicher Verdacht, etwas sei nicht in Ordnung* Ich versteh' das nicht.

JENNY Freust ... freust du dich nicht?

RICHARD *sarkastischer Kommentar* Freuen? Ich weiß nicht, ob ich mich freue oder nicht.

JENNY *noch immer nicht in der Nähe des Geldes* Ist es echt? Ist es echtes Geld?

RICHARD *schaut sich einen Geldschein an* Ja, natürlich ist es echt. Echte, abgegriffene Hundertdollarscheine.

JENNY *eine Art Befriedigung* Mein Gott.

RICHARD Aber ... aber w i e s o ? Ich meine ... das ist Unfug.

JENNY *ein beschützender Schritt vorwärts* Ja, aber es i s t G e l d.

RICHARD *betrachtet es finster* Es ist Geld, weiß Gott. Schade, daß wir's nicht behalten können.

JENNY Was soll das heißen?

RICHARD *keine große Begeisterung* Das soll heißen: Wir können es nicht behalten. Ich bring's der Polizei.

JENNY Nein!

RICHARD Ich m u ß Jenny. Da ist irgend etwas faul.

JENNY Was?!

RICHARD *um Worte verlegen* Na ja ... ich meine ...

JENNY Es ist an dich adressiert, nicht? Es kam per Eilboten, es ist ja nicht, als ob du's g e f u n d e n hättest, Herrgottnochmal!

RICHARD Ja, ich weiß, aber ...

JENNY *so ungezwungen wie möglich* Mir kommt's vor, als ob's dir jemand schenken möchte. Ich ... ich kann mir nicht vorstellen, daß jemand es dir aus einem anderen Grund schickt.

RICHARD Mir s c h e n k e n. Ja gut, aber wer?

JENNY Ich ... i c h weiß es nicht. *Achselzuckend.* Irgend jemand.

RICHARD Paß auf: es könnte etwas Fürchterliches sein, zum Beispiel ...

JENNY Zum Beispiel, was?

RICHARD Zum ... zum Beispiel die Mafia oder was weiß ich, oder Bankräuber, oder ... – schicken's her, weil's hier sicher ist, und ...

JENNY *lacht fröhlich* Mach dich nicht lächerlich.

RICHARD *denkt darüber nach, unterdrückt* Meinst du, jemand hat es m i r g e s c h i c k t?

JENNY *das Selbstverständlichste der Welt* Natürlich.

RICHARD Ja, aber w e r?

JENNY Na ja ... vielleicht ... jemand, dem du einen Gefallen getan hast.

RICHARD So was ... passiert nicht ... m i r nicht.

JENNY Aber das hier i s t passiert.

RICHARD *hält ihr das Geld hin, fast kindlich* Willst du's nicht ... anfassen oder sonstwas?

JENNY Ja, doch, natürlich. *Geht zu ihm, berührt das Geld, lächelt schwach.* Ich möcht wissen, wer's dir geschickt hat.

RICHARD Ich ... ich w e i ß nicht. Da ist ein Mann, neben dem ich oft im Zug sitze, d e r scheint sich sehr für mich zu interessieren; älterer Mensch, könnte Bankier sein. Fragt mich immer über meine Arbeit aus ... ob's für alles reicht. Vielleicht ... vielleicht ist er Millionär, und vielleicht ist er ein bißchen verrückt.

JENNY *nichtbrennende Zigarette hinhaltend* Streichholz.

RICHARD Hm? Ach so, ja. *Will ihr die Streichholzschachtel geben, besinnt sich eines Besseren, zündet ihr die Zigarette an.* Es könnte jemand wie der g e w e s e n sein.

JENNY *geringster Zweifel* Sehr gut möglich.

RICHARD *verwirrt, ein wenig ausgepumpt* Aber er könnt's genausogut n i c h t gewesen sein. Ich meine, w a r's wahrscheinlich nicht.

JENNY *tröstend* Ja. Aber irgend jemand.

RICHARD Ja. *Überlegt, gibt ihr einen Geldschein.* Hier Für dich.

JENNY *winzigste Pause* Danke. Du ... du lieferst es also nicht der Polizei ab?

RICHARD *Pause, leicht schuldbewußt, aber tapfer* Nein, ich glaube nicht.
Pause.
Ich nehme an, jemand will's mir schenken. Jemand m u ß ja. Ich wär' blöd, wenn ich's nicht behielte.
Pause.
Findest du nicht auch?

JENNY *nettes Lächeln* Doch. Das finde ich auch.

RICHARD Ich meine, es wäre dumm, es einfach ... wegzuwerfen.

JENNY Ja, das wäre es. *Fröhlich* Gib uns was zu trinken. Zur Feier des Tages.

RICHARD *der Himmel hat sich entwölkt* Ja. Trinken wir was!

JENNY *geht auf die Diele zu* Ich hole Eis.

RICHARD *geht auf den Schnapsschrank zu* Gut — ... und ich mach uns einen Viertausendneunhundert-Dollar-Martini.

JENNY Wunderbar! *Abgehend* Rund auf fünftausend auf, klingt viel hübscher.

Nachdem Jenny, *von* Richard *gefolgt, abgegangen ist, tritt* Jack *durch die Verandatür auf.*

JACK *schlendert ins Zimmer und wendet sich ans Publikum:* Die Jahreszeiten wechseln, Menschen leben und sterben, doch ich ... treibe mich herum. Ich sage Ihnen, es gibt Tage, da gestehe ich mir ein, daß ich nicht weiß, ob ich lebe — je gelebt habe. »Un voyeur de la vie« ... das bin ich. Zuschauen, 'reinschauen.

Trägt mit nichts als Objektivität eine große Wahrheit vor. Ich hatte nie das Gefühl, wirklich zu leben. Es kann nicht nur die Vereinsamung sein, die Vereinsamung durch Geld, wissen Sie? Nee, kann es nicht sein. Ich kenne eine Menge Leute, die viel mehr hatten als ich, und die haben gelebt ... haben sich umgebracht und so weiter! Ach, nebenbei bemerkt, ich hab' gemacht, was ich, wie ich sagte, tun wollte. *Nickt.* Ich habe mein Testament geschrieben — umgeschrieben, um genau zu sein — und habe den ganzen Plunder Jenny und Richard vermacht. Drei Millionen ungrad. Aber ich erzähl's den beiden lieber nicht. Es ist ohnehin schon schwer genug, mich zu mögen. Ich meine, man kann mich schon gernhaben, aber ...

Entdeckt das Geld auf dem Tisch. Du meine Güte!

Spricht laut, befindet sich jetzt in der Handlung.

Meine Güte! Schau dir das ganze Geld an!

RICHARD *tritt aus der Küche auf* Nicht anfassen!

JACK *spielt beleidigt* Entschuldigung!

RICHARD *immer noch hart, geht auf das Geld zu* Faß es einfach nicht an.

JACK Und? Soll ich nochmal 'rausgehn und anklopfen?

RICHARD *seufzt, lacht ein wenig.* Ich bitte d i c h um Entschuldigung, Jack.

Jenny *tritt mit dem Eiskübel wieder auf.*

JENNY Jetzt geht's los! Für fünftausend Dollar Eis und ... – oh ... Jack.

JACK *bemerkt, daß sich beide unbehaglich fühlen. Zum Publikum* Meine Güte.

JENNY *winzige Pause. Zeigt sich vollendet leutselig* Tag!

RICHARD Trinkst du einen mit?

JACK *lächelt, wartet darauf, daß man ihm alles erklärt* Gut.

RICHARD *zu* Jenny: Jack, äh, hat das Geld hier entdeckt und ...

JACK *sehr nett* ... und hat einen schönen Anschnauzer eingesteckt.

JENNY Ach. Ja, da liegt's ... Geld.

JACK *schaut es an* Habt ihr's gestohlen, oder habt ihr's im Keller auf eurer eigenen kleinen Druckerpresse gedruckt?

RICHARD Weder noch. Wir ...

JENNY Es ist angekommen. Es ist einfach ... angekommen.

RICHARD *als weitere Erklärung* Mit der Post.

JENNY Ja.

RICHARD *wie oben* Per Eilboten.

JENNY Ja.

JACK *winzige Pause. Es gibt offensichtlich mehr zu erklären* Das ist aber sehr erfreulich.

JENNY Jemand hat es Richard geschickt.

JACK Ach?

RICHARD Ja.

JACK Wer?

JENNY Ja, wir wissen's nicht. Irgend jemand, vermuten wir, der ihn ... na ja ... schätzt, vielleicht bewundert.

JACK Heißt das, ihr habt keine Idee, wo's herkommt?

JENNY Nein.

RICHARD Keine.

JENNY Überhaupt keine.

JACK Ist es viel? Darf ich's anfassen?

RICHARD *ungewollte Bewegung zum Schutz des Geldes, die er zurücknimmt* Natürlich.

JACK *berührt es mit einem Finger, betrachtet den Finger* Ganz trocken.

JENNY Klar! Es ist echt.

RICHARD *plötzlicher, nicht allzu glücklicher Einfall* Jack ... D u hast das doch nicht getan, oder?

JACK Was getan?

RICHARD D u doch nicht? D u hast uns doch nicht das Geld geschickt, oder?

JACK *winzige Pause, dann ein Lachen* Du lieber Gott, nein!

RICHARD Bist du sicher? Denn wenn du's getan hast ...

JACK Ich bin sicher, ich bin absolut sicher.

Zum Publikum. Ich hab's übrigens nicht getan; ich hab's ihnen nicht geschickt.

Zurück zu den beiden. Wieviel ist es?

JENNY Fast ...

RICHARD Fünftausend.

JACK Das müßte es euch doch beweisen. Ich gebe mich nie mit kleinen Beträgen ab.

RICHARD *verteidigend* Dir mag das wie ein kleiner Betrag vorkommen, aber vielen Menschen ...

JENNY *um das Thema zu wechseln* Warum trinken wir nicht alle einen Martini?

JACK Ausgezeichnete Idee! *Richard macht sich an die Arbeit. Jenny räumt das Zimmer auf.* Ich wollte mich nicht lustig machen ... über euren warmen Regen.

JENNY Ach, laß doch ...

JACK Ich ſind's herrlich.

Zum Publikum.

Und verdammt eigentümlich, wenn Sie mich fragen.

Zurück zur Handlung.

Na, ich hoffe doch, ihr gebt eine Einladung.

Richard *und* Jenny *schauen sich gegenseitig an. Zuerst Begeisterung.*

JENNY Oh, ja, das könnten wir!

RICHARD *zögernd* Aber ... ich glaube, wir sollten's nicht an die große Glocke hängen ...

JACK Nein. Einfach eine Einladung, aus Spaß an der Freude. Haut mal auf die Pauke! Kauft Kaviar! Serviert Champagner! Engagiert euch einen Diener! Gebt ein Gartenfest!

JENNY *verzückt* Ein Gartenfest!

RICHARD *ergibt sich* Klar! Warum nicht?!

JACK Klar! Warum nicht?!

Zum Publikum, achselzuckend.

Warum nicht?

JENNY Eine Klasseidee! Wann?

JACK Jetzt.

JENNY Ach, nein ... Nächste Woche, und ...

RICHARD *nachdenklich, ein wenig traurig* Weißt du ... Leute machen Pläne, und ...

JACK Nein. J e t z t. Jetzt und hier, solang das Eisen heiß ist. Geh ans Telefon. Laß die Bombe platzen, leiste dir den Jux! *Netter.* Macht mal was Verrücktes, nicht Alltägliches und ... – was ihr schon i m m e r mal gern getan hättet.

JENNY Ja! Machen wir! Ich rufe ... – wen soll ich anrufen?

RICHARD Nun ... Chuck und Beryl ...

JENNY *an den Fingern. Begeisterung* Ja, Chuck und Beryl, und Cynthia und Perry natürlich auch ...

RICHARD ... ja ...

JENNY ... und ... und Gilbert und Louise. Wen noch?

RICHARD *kleines Lachen* He-he-he, mach einen Punkt. Wir wollen ja nicht alles auf einmal ausgeben.

JENNY Reicht das? Sechs? Ach, und Jack. Du k o m m s t doch, Jack?

JACK Nein, mein Schatz. Im Klub wartet ein wichtiges Puffspiel auf mich.

JENNY ... aaaaaccchhh ...

JACK Nein. Lebenswichtig. Hohe Einsätze. Möcht' ich um nichts in der Welt verpassen.

JENNY *ein ausgelassenes Füllen* Ich geh' anrufen. Einverstanden?

RICHARD *belustigt* Einverstanden.

JENNY *zu Richard* Du tiftelst aus, was wir brauchen, wieviel Schnaps und so weiter ...

RICHARD Keinen Champagner?

JENNY Doch! Natürlich! Aber manche mögen ihn nicht. Ich geh' anrufen. *Will aus dem Wohnzimmer.*

RICHARD Für wann?

JENNY Ach ... sechs, halb sieben. Wie spät ist es jetzt?

RICHARD Vier.

JENNY *flüchtige Pause* Ach. *Abschließend* Dann beeil dich lieber. *Im Abgehen* Wiedersehen, Jack.

JACK Wiedersehn. *Zu* Richard Heißt das, ich soll weg sein, wenn sie vom Telefonieren zurückkommt?

RICHARD *lacht nur und gibt* Jack *einen Martini* Da.

JACK Eiskalter Wacholderbeerenhimmel. Danke.

Aus dem Nebenraum wird Jenny *leise höhrbar, die mit Leuten telefoniert. Ihre Begeisterung ist herauszuhören.*

RICHARD Sie ist so aufgeregt. Prost.

JACK Gleichfalls. Wer wär's nicht? Wirklich unglaublich, so zu Geld zu kommen.

RICHARD Ja.

JACK Keine Steuern, meine ich. Steuerfrei.

RICHARD Hm?

JACK Das deklarierst du natürlich nicht ... und so zahlst du keine Steuern.

RICHARD *daran hat er nie gedacht* Du hast recht! Netto Kassa. Mensch!

JACK Und vielleicht gibt's noch m e h r.

RICHARD *ein wenig verwirrt* Mehr? Wieso?

JACK Ja, du lieber Himmel ... wenn dir jemand einfach so Geld schickt, wieso soll er nach e i n e m Päckchen aufhören? Vielleicht kriegst du jede Woche eins.

RICHARD *errötet fast* Ach, hör doch auf.

JACK Nein, ernsthaft!

RICHARD *besorgtes Stirnrunzeln* Jack, du wirst nicht ... du wirst niemandem etwas davon erzählen, ja?

JACK *leicht* Liebster Richard ...: Aus den Augen aus dem Sinn ... in dreißig Sekunden. Nein, natürlich erzähl' ich nichts. Ich will's euch nicht vermasseln.

RICHARD Ich meine, nicht einmal zufällig ... oder als Apropos, verstehst du ... im Klub, oder ...

JACK ... wenn ich einen oder zwei intus habe? Nein, Richard, ich tu's nicht. Ich versprech's dir.

RICHARD Danke.

JACK *rekelt sich* Geld ist eine merkwürdige Sache, nicht, Richard?

RICHARD *kleiner Junge* Ich weiß nicht. Ich hab' nie allzuviel gehabt.

JACK Nein. Die Sache an sich und das Symbol. Ein Stück Papier und Druckerschwärze ... und die Druckerschwärze und das Papier sind zusammen keinen Viertelcent wert – weniger ... und doch, wenn wir's nicht hätten, ständ die Welt still.

RICHARD Wir könnten wieder Tauschhandel treiben.

JACK Ja, das könnten wir vielleicht. Es ist wie mit der Malerei. Ein Stück Leinwand und 'n bißchen Farbe. Wieviel wert? Vier Dollar? Fünf? Doch werte es auf: Laß m i c h es gemalt haben, und es verkauft sich für eine gewisse Summe ... oder bei einem andern für das Zehnfache ... Hundertfache! Ein gewisser Picasso für eine halbe Million?

Kein schlechtes Bild, vielleicht soviel w e r t. Geld. Was ist der Verkaufspreis für eine Kuh?

RICHARD Ich weiß nicht ... zweihundert Dollar?

JACK Möglich. Nehmen wir's mal an. Ein Picasso-Bild für zweitausendfünfhundert Kühe. All die Milch. Wieviel Liter gibt eine Kuh am Tag?

RICHARD Fünfzehn?

JACK *einigermaßen erstaunt* Ja?

RICHARD Hab' ich, glaub' ich, mal irgendwo gelesen.

JACK Gut. *Rechnet im Kopf* Das macht ... fünfzehnmal zweitausendfünfhundert macht ...

RICHARD Möchtest du Bleistift und Papier?

JACK, *rechnet, winkt ab* ... rechnen wir mit dreihundertsechzig Tagen pro Jahr, geben wir den Kühen an Feiertagen frei. Dreihundertfünfundsiebzig mal sechsundreißig ... behalte alle Nullen ... macht ... großer Gott! Dreizehneinhalb Millionen Liter Milch im Jahr.

RICHARD Mach keine Witze!

JACK Nein, ich mach' keine Witze. Dreizehneinhalb Millionen Liter Milch in einem Jahr.

RICHARD Das ist unglaublich!

JACK Ja, nicht? Was kostet Milch im Großhandel?

RICHARD Zehn Cent?

JACK Nein, weniger. Findet eine fürchterliche Preistreiberei statt, bevor wir sie kriegen. Sagen wir fünf Cent. Hundertfünfunddreißig durch zwanzig ... das ist sogar n o c h faszinierender! Fast siebenhunderttausend Dollar im Jahr lediglich für die Milch!

RICHARD Worauf willst du hinaus?

JACK Was wäre dir lieber? Der Picasso oder die Kühe?

RICHARD *denkt, schüttelt den Kopf; aufrichtig:* Ich weiß nicht. Willst du noch was trinken?

JACK *schluckt den Rest im Glas und schüttelt gleichzeitig den Kopf* Nein. Ich m u ß in den Klub. Der alte Digby wartet, sabbert am Puffbrett.

RICHARD Ach so. Ja dann ...

Sie sind beide aufgestanden. Jack *bleibt stehen*

JACK D a s ist wirklich interessant: Der alte Digby. Weißt du übrigens, daß er siebenundachtzig ist? E r betet Geld an ... und nicht als Symbol ... sondern als Sache an sich. Jede Wette, der hat s e c h z i g Millionen, wenn er e i n e zugibt; aber i h m geht es nur um die Sache an sich. Es werden keine Picassos oder Kühe draus oder ... sonst was, es geht nur um das Papier als Papier. Geld als Geld.

RICHARD *Pause, fast entschuldigend* Geld i s t Geld, weißt du.

JACK *entschuldigend, nett* Ich weiß.

RICHARD *ruhig, dogmatisch* Es zahlt dieses Haus und eine gute Erziehung für Roger ... und hin und wieder eine Kleinigkeit, um Jenny eine Freude zu machen ...

JACK Ich w e i ß , ich w e i ß.

RICHARD *zeigt auf das Geld auf dem Schreibtisch* Wenn also etwas wie d a s h i e r passiert ... ja, dann bedeutet das etwas.

JACK Ich hab' mich nicht über dich lustig gemacht.

RICHARD Sag Jenny nichts ... aber vielleicht bring' ich's fertig und kauf' ihr so was wie'n Treibhaus ... ein kleines ...

JACK Ich hab's dir gesagt: Kein Wort über irgend etwas. Geld? W a s für Geld? Ich muß gehen. *Will durch die Verandatür* Fällt mir grade ein: Ich glaube, ich hab' in diesem Haus noch nie die Haustür benützt. Ist sie hübsch?

RICHARD Die Haustür?

JACK Mmm.

RICHARD *er hat darüber noch nie richtig nachgedacht* Na ja ... ja, es geht, glaube ich.

JACK Muß ich mal machen.

RICHARD Jack? Jack *halb draußen, bleibt stehen.* Nichts.

JACK *während* Richard *sich abwendet; zum Publikum* Er hat recht. Und ich h a b e mich nicht über ihn lustig gemacht. Geld ... ist ... Geld. Auf bald.
Er geht ab.

JENNY *platzt wieder herein* Seid ihr zwei ...? Oh. Ist Jack fort?

RICHARD Äh-häm.

JENNY *etwas außer Atem* Chuck und Beryl kommen; sie wollten eigentlich nur faulenzen. Und Cynthia und Perry hab ich auch erreicht, oder vielmehr Cynthia; sie müssen sich von irgendwas anderem freimachen, aber sie kommen ebenfalls. Und Gil und Louise probiere ich noch, ihre Nummer ist dauernd besetzt; ich geh' jetzt wieder und mach' das noch.

RICHARD Gut. Willst du jetzt einen Martini?

JENNY Nein, wenn ich zurückkomme. *Während sie wieder abgeht* Roger dürfte bald ankommen. Er wird halt am Bahnhof ein Taxi nehmen müssen.

RICHARD Ein T a x i ?

JENNY *unterbricht ihren Schwung für einen Augenblick* Ja, ein Taxi. *Zeigt auf das Geld.* Meinst du nicht, daß wir's uns leisten können?

RICHARD *es sickert ein; er lacht einfältig* Ach. Hm! Doch, ich glaube schon.

Jenny *geht ab.* Richard *betrachtet das Geld, glättet es, sucht in der Tasche nach einer Zigarette, findet keine, schaut sich nach einer um. Entdeckt, daß eine Zigarettenschachtel leer ist, sucht weiter.*

RICHARD *halb rufend* Jenny, wo hast du die Zigaretten hingetan? Ach laß nur, ich finde sie schon.

Stützt für einen Augenblick die Hände auf die Hüften, überlegt. Geht zu einem – was ...? ... Sofatischchen, vielleicht, öffnet eine Schublade, schaut hinein, stöbert, hält plötzlich inne, erstarrt. Greift nach etwas, bringt es langsam zum Vorschein. Es ist ein Bündel Geldscheine. Er betrachtet es, schaut hinüber zum Geldhaufen auf dem Tisch, betrachtet wieder das Geld in seiner Hand, läßt das neue Bündel auf einen Sessel fallen oder auf das Sofa, was grade bequemer ist, und schaut sich im Zimmer um; entdeckt Jennys *Nähkorb – zum Beispiel – und geht zu ihm hin. Er zögert nur einen Augenblick, macht ihn dann auf, greift hinein, entnimmt ihm noch ein anderes Bündel Geldscheine, das er mit einer merkwürdigen Gespanntheit betrachtet, während er es dorthin zurückträgt und hinschmeißt, wo er das letzte gelassen hat. Entdeckt eine Schachtel auf dem Kaminsims, geht hin, öffnet sie und bringt eine Handvoll Geld zum Vorschein. Er läßt es fallen, wie Konfetti, rings um sich her.*

JENNY *tritt wieder auf* So, das wär erledigt. Gilbert und Louise kommen auch, das sind also ... *Sie hält inne, sieht, was er gefunden hat* ... alle, die wir eingeladen haben.

RICHARD *wie umnebelt* Jenny ... schau. Was i s t das?

JENNY Geld, Richard.

RICHARD Ja, aber ... ist es ... gehört es dir?

JENNY Wir haben jetzt keine Zeit. Ich erzähl's dir dann ...

RICHARD Doch. Wir haben. Du mußt.

JENNY Wir haben soviel zu tun, bevor ...

RICHARD Wart! *Zeigt auf das Geld auf dem Tisch* Hast du mir dieses Päckchen geschickt?

JENNY Also kurz und gut: Ja ... ich ... ich m u ß t e , es war plötzlich so v i e l , und ich konnte mir nichts anderes ausdenken ...

RICHARD Hast du ... hast du g e s p i e l t ?

JENNY *stürzt sich darauf* Ja!

RICHARD Wo? Was? Mit wem?

JENNY Da ist ... da ist dieser Mann.

RICHARD Name?

JENNY Was spielt das für eine Rolle, solange ich gewinne?

RICHARD *eiserner* Name?

JENNY Desorio

RICHARD Das ist gelogen.

JENNY Wie r e d e s t du mit mir?!

RICHARD Ist es nicht gelogen?

JENNY Aacchh ... teils, teils.

RICHARD ES IST ALSO GELOGEN!

JENNY *achselzuckend* Ja.

RICHARD Wieviel ist es denn? Es sind Tausende!! Wo hast du's her?

JENNY *in Abwehrstellung* Ich hab's nicht g e s t o h l e n .

RICHARD *eisern* Wo hast du's h e r ? !

JENNY Ich hab's verdient.

RICHARD Eine Arbeit?! Du hast eine Arbeit?!

JENNY Gewissermaßen.

RICHARD Ich habe dir g e s a g t , ich will nicht, daß du eine A r b e i t annimmst. Nein! Mit einer Arbeit kannst du das nicht verdient haben. Es ist zuviel! Es sind Tausende von Dollar, und ...

JENNY Sechs Monate!

RICHARD *lacht kläglich und halb hysterisch* Nein, bitte, Liebling, bitte. Sag's mir. Hat ... hat es dir jemand vermacht? Ist jemand gestorben, und du hast mir nichts davon erzählt?

JENNY Niemand ist gestorben. Ich hab's verdient.
Kleine Pause.
Nachmittags.

RICHARD Schau, mein Schatz: Selbst wenn du ganztags gearbeitet hättest, könntest du nicht solche Beträge verdient haben. Vorwärts jetzt, s a g ' s mir.

JENNY *gekränkt, versucht Zeit zu gewinnen* Ach? Wirklich? Wahrscheinlich nicht, da ich ja bekanntlich zu nichts anderem tauge als zum Dienstmädchen, oder was weiß ich.

RICHARD *zähneknirschend* Wo hast du's her?

JENNY *seufzt, rasselt es herunter* Ich verdiene zweihundert Dollar pro Nachmittag, vier Tage die Woche, manchmal mehr. Ich hab' ein bißchen für Kleider ausgegeben, aber ich hatte noch keine Zeit, den Rest auszugeben, und ...

RICHARD Kein Mensch zahlt solche Beträge! Du hast ja keine Ausbildung!

JENNY Man braucht keine.

RICHARD *verwirrt, wird wütend über das Geheimnis* Was braucht man denn?

JENNY Wo ist mein Martini? Du hast mir einen eiskalten, supertrockenen ...

RICHARD *packt sie am Arm* Sag's mir endlich!

JENNY Au! Wirst du mich loslassen!

Er tut es. Sie reibt ihren Arm, während sie sich anstarren. Unterdrückt. Es ist nicht der Rede wert.

RICHARD Bei Gott, du erzählst es mir, oder ich mach' aus diesem Geld mitten auf dem Rasen ein Freudenfeuer!

JENNY *inständige Bitte darunter* Mach dich nicht lächerlich! Es ist Geld!

RICHARD Ich will wissen, wo's herkommt!

JENNY *ihre Stimme wird auch lauter* Es kommt von einer Arbeit!

RICHARD Was für einer Arbeit?!

JENNY *wird gehetzt* Als ... als Empfangsdame.

RICHARD Für soviel Geld? *Höhnisches Schnauben.*

JENNY Es ist ein sehr teurer Betrieb!

RICHARD Was für eine Art teurer Betrieb?

JENNY Ein ... eine Arztpraxis.

RICHARD Willst du mir einreden, daß du in irgendeiner verdammten Arztpraxis nachmittags ein paar Stunden am Empfang sitzt und dafür zweihundert Dollar pro Tag bekommst? Du mußt mich für verrückt halten!!

JENNY Es ist ein ganz besonderer und besonders teurer Betrieb!

RICHARD *ein wenig furchtsam, ein wenig angewidert* Was ... was ist es ...? So was wie ein ... Abtreibungsetablissement ... oder was?

JENNY Mein Gott, bist du widerwärtig!

RICHARD Warum?! Ich hab' in der Zeitung von einem Mann gelesen, der herausfand, daß seine Frau bei einem Abtreiber arbeitete, ja, ihm sogar Patientinnen brachte.

JENNY Du bist widerwärtig!!

RICHARD Tut mir leid. Aber was soll ich denn glauben, wenn du so verdammt geheimnisvoll tust? Hm?

JENNY *in der Falle, wütend* Glaub, was du willst! *Ziemlich beißend* Willst du das Geld nicht?

RICHARD *jetzt beide wütend* Das Geld hat damit nichts zu tun!

JENNY Oh, doch! Du glaubst doch nicht, ich mach's zum Vergnügen, oder?

RICHARD Machst was?! Am Empfang sitzen?!

JENNY Ja! Am Empfang sitzen!

RICHARD Wie heißt diese Praxis?

JENNY *fordert ihn heraus* Sie heißt nicht. Hat nur eine Nummer.

RICHARD So? Also, wie ist die Nummer?

JENNY Es ist eine Geheimnummer!

RICHARD Ich bin dein Mann!

JENNY Ich bin deine Frau! Erzählst du mir alles?

RICHARD Ich möchte, daß man mir die Wahrheit sagt!

JENNY Was erzählst du über d e i n e Arbeit? M i r ? !

RICHARD Sie ist langweilig!

JENNY Meine auch!

RICHARD Aber das Geld nicht! Das Geld ist nicht so verdammt langweilig! Himmelherrgott! Viermal soviel wie ich kriege! *Verachtungsvoll.* Sitzt bei einem Arzt am Empfang ...! ... klingt eher nach Luxus-Bordell!

JENNY Ich m a g dieses Wort nicht.

RICHARD Bordell! Hurenhaus! Puff!

Es entsteht eine Stille. Jenny *schaut hinaus zum Garten.* Richard *fängt an zu begreifen, daß er es getroffen hat.* Nein ... bitte ... sag's: was ist es w i r k l i c h ?

JENNY *schaut weg, etwas versonnen, traurig* Einfach ein Haus.

RICHARD Ein Haus.

JENNY Wo sie mich bezahlen.

RICHARD *packt sie wieder am Arm* Herrgottnochmal! W o f ü r bezahlen sie mich?!

JENNY M i c h bezahlen sie!

Lange Pause. Einigermaßen verloren.

Willst du das Geld nicht?

RICHARD *läßt ihren Arm los, weicht ein wenig zurück, schüttelt den Kopf; stotternde, fast lachende Ungläubigkeit:* Ich ... ich glaub's ... ich glaub's nicht. Ich ... ich glaub's nicht.

JENNY *ziemlich leicht* Dann glaub's n i c h t.

RICHARD *weicht ein wenig weiter zurück. Gleiche Verwirrung* Ich ... ich kann es nicht g l a u b e n. ICH KANN NICHT!

JENNY *geht auf ihn zu; das netteste Lächeln* Liebling, es ändert alles ganz gewaltig ...

RICHARD *freudloses Lachen über die Ironie* Oh, ja, bei Gott!

JENNY *immer noch glücklich, mit sich beschäftigt* Alles, was wir uns jahrelang gewünscht haben ...

RICHARD Wir!

JENNY Wir können uns einen zweiten Wagen leisten, ... und ...

RICHARD Wir haben keinen ... – Ich glaube das nicht!

JENNY Wir haben keinen was?

RICHARD Platz in der Garage. *Ungläubig.* Wie konntest du sowas t u n?

Pause.

Gib's zu, es ist nicht wahr, oder?

Jenny nickt langsam.

Oder nicht? Oder? Wirklich?

JENNY *bestimmt, ungeduldig* Es ist für u n s. Für alles, was wir uns w ü n s c h e n!

RICHARD *zwischen aufeinandergebissenen Zähnen; verhaltene Wut, er läßt es ganz einsickern* Du bist meine Frau ... und Rogers Mutter ... und du bist eine ganz gewöhnliche H u r e ?!

JENNY Du drückst das g r ä ß l i c h aus.

RICHARD WIE ZUM TEUFEL SOLL ICH ES SONST AUSDRÜCKEN?!!

JENNY Ich bin nicht die e i n z i g e, weißt du ... Ich bin nicht die einzige Frau der Welt, die ...

RICHARD Du bist die einzige, die mit mir verheiratet ist!

JENNY *trauriger Rechtfertigungsversuch* Aber es ändert nichts zwischen uns, und ...

RICHARD *hart* Nicht? *Geht zu ihr, schlägt sie hart quer übers Gesicht.* Nicht? Wieviel verlangst du für d a s ?

Sie starrt ihn nur an, fest, aber tief im Innern vielleicht den Tränen nahe. Deshalb schlägt er sie noch einmal genauso hart.

Ich habe gefragt: wieviel verlangst du für das?!!

JENNY *sagt nichts, ausdrücklich; vielleicht ein kehliger Schrei, da sie ihn zurückschlägt, so hart wie er sie geschlagen hat.*

RICHARD *kalt nach einem Augenblick des Schweigens* Hinaus. Pack deine Sachen und mach, daß du rauskommst.

JENNY *genauso kalt* Wohin?!

RICHARD Irgendwohin! Sonst geh' ich. Nein, bei Gott, ich geh' nicht! Das ist mein Haus, ich hab' es bezahlt. Ich bleibe hier!

JENNY *merkwürdig teilnahmslos* Ich kann nicht ... so ohne weiteres.

RICHARD Ich hab' gesagt: Raus!

JENNY Vieles hier gehört mir.

RICHARD Nimm es! Nimm es!

JENNY *durch die Zähne* Du erwartest doch nicht von mir, daß ich sofort alles zusammenpacke und ...

RICHARD Ich schick's dir nach! Aber ... aber pack dich!

JENNY Nein, nein, das würdest du nicht. Ich kenne dich. Das bringst du nie fertig. Ich bin diejenige, die Möbelpakker bestellen muß und alles organisiert und ...

RICHARD SCHEISSE!

JENNY Doch, das stimmt genau. Als deine Tante, wie-heißt-sie, ihren großen, scheußlichen Schrank mit der Schiebetür zurückverlangte, sagtest du, du kümmerst dich drum, und W o c h e n vergingen, und du hast keinen Streich getan.

RICHARD *ruhig, beherrschte Wut* Klaub deine Sachen zusammen und scher dich aus diesem Haus!

JENNY *sie hat es alles satt* Ach, sei nicht albern.

RICHARD *Wut und Unglaube* Sei nicht w a s ? !

JENNY Ich hab' gesagt, sei nicht albern. Gib mir eine Zigarette.

RICHARD Du gottverdammte geile Nutte!

JENNY Ich bin n i c h t geil! Ich hab's dir gesagt: Ich tu's fürs Geld! Das Geld, das du nicht verdienst! Das Geld, das wir b r a u c h e n ! Denkst du, es macht mir Freude?

RICHARD Denken! Ich, ich, ich, ich? Ich denke überhaupt nichts! Ich kann nicht! Ich würde total verrückt, würd' ich d e n k e n ! Männer bringen für sowas ihre Frauen um!

JENNY *lacht in sich hinein* Ach, Liebling ...

RICHARD *verspottet; gerät außer Rand und Band* Glaubst du's nicht? *Stürzt mit festem Vorsatz auf sie zu.* Lies die Zeitung und überzeug dich!! Bei Gott, lies die Zeitung von morgen und überzeug ...

Sie werden beide durch das Geräusch der zufallenden Haustür unterbrochen. Roger *tritt von der Diele her auf.*

ROGER Tag! Ich hab'n Taxi genommen. Habt ihr 'n bißchen Geld?

JENNY *als ob sie ihn völlig vergessen hätte und es ihr leid täte* Roger!

ROGER Der Fahrer sagt, er will fünf Dollar übern Fahrpreis, weil's so 'ne lange Fahrt gewesen sei.

RICHARD *Wut überträgt sich auf den Fahrer* Ach! Was der nicht sagt! Den kauf' ich mir, den Scheißkerl!

Richard *geht ab, indem er beim Abgehen* Roger *vielleicht beiseiteschiebt.*

ROGER *verfolgt* Richards *Abgang, verwirrt. Zurück zu* Jenny, *echte Zuneigung:* Tag, Mami.

JENNY *verlegen, überspielt es aber* Schatz! Du bist so ... so schrecklich früh.

ROGER *konstatiert eine Tatsache* Der Zug war p ü n k t - l i c h .

JENNY *ein wenig verwirrt* Ach ja? Ja dann ... muß unsere Uhr nachgehn.

ROGER Sicher sogar. *Geht zu einem Stuhl, stellt sich drauf, schaut durch die Verandatür über den Zaun.* Was macht das Tennis?

JENNY Tennis?

ROGER *zeigt hinaus* Im Klub?

Zornige Stimmen von draußen vor der Haustür.

JENNY *schaut besorgt in die Richtung, aus der die Stimmen kommen* Ach so. Ich ... kümmer' mich nicht viel drum.

ROGER Hat Papa gespielt? Hoffentlich bringt ihn der Taxifahrer nicht um.

JENNY *ruft besorgt hinaus* Richard? *Zu Roger.* Geh da 'runter, bevor dein Vater dich sieht!

ROGER Bitte. *Springt hinunter, erblickt das Geld* Mensch! Ist das Geld?

JENNY *abwesend, abwehrend* Ja doch ... laß die Finger davon.

ROGER Was ist das? Das große Los?

JENNY Das ... geht dich nichts an.

ROGER Kann ich mir 'ne Scheibe abschneiden?

JENNY *plötzliche Wut* Nein! Laß die Finger davon!

ROGER *verletzt, ein wenig* 'tschuldige. *Ungeschickte Ironie* Mensch, bin i c h froh, daß ich daheim bin.

JENNY *enschuldigend* Ach, Roger, Schatz, ich habe es ... Richard *tritt wieder auf, ein wenig zerzaust.*

RICHARD *Rachsucht und Stolz* Ich hab' ihn geschlagen!

ROGER *schüchtern* Tag, Papa.

RICHARD *zu* Jenny, *weil sie die Ursache ist* Ich hab' den Scheißkerl geschlagen!

JENNY *ziemlich vorwurfsvoll* Hast du deinem Sohn guten Tag gesagt?

RICHARD Hm?

ROGER *schüchtern, freut sich* Tag.

RICHARD *erblickt* Roger *wirklich erst jetzt. Traurigkeit und Stolz* Tag. Zurück zu Jenny, *beherrschte Wut und Schadenfreude.* Ich hab' den Scheißkerl geschlagen.

JENNY *ruhig, verzweifelt* Warum?!

RICHARD Warum?!! Er hat neun Dollar verlangt. Der Drecksack hat die normale Taxe und fünf Dollar extra verlangt, weil ...

JENNY Das ist kein Grund, jemand zu schlagen!

RICHARD WEN SOLL ICH SONST SCHLAGEN?! *Weniger laut, aber nicht weniger intensiv.* Wen soll ich sonst schlagen?!

ROGER *um eine winzige Stille zu überbrücken* Was macht das Tennis, Papa?

RICHARD *zu Roger* Was?

ROGER *eingeschüchtert* Tennis. Wie steht's damit?

RICHARD *verwirrt* Ich ... ich hab' nicht ... ich ... ich ... ich hab' nicht gespielt.

ROGER Ach so ...

JENNY Der hängt uns noch einen Prozeß an, paß auf.

RICHARD *leer, sogar verlegen* Ich hab' ihn ja nur an der Schulter getroffen. Wir ... wir haben nur ein bißchen gerauft.

JENNY *Pause; Enttäuschung und Erleichterung* Oh.

RICHARD *Grinsen* Nicht, was ich mir vorgenommen hatte. Roger *ist wieder auf den Stuhl gestiegen.*

ROGER Menschenskind! Genau in die Schamteile!

RICHARD Wer?! Was?!

JENNY Roger, das sagt man nicht.

RICHARD *spottet* Heiliger Strohsack!

ROGER Der Aufschlag ist schief abgeprallt und hat ihn direkt in die ... – was soll ich denn sonst sagen?

RICHARD Frag deine Mutter nicht, sie ist zu damenhaft.

Es geht ihm auf, wo Roger *steht.*

HIMMELARSCHUNDZWIRN, GEH VON DEN MÖBELN RUNTER!

Roger *tut es.*

ROGER *unterdrückt, unglücklich* 'tschuldige.

RICHARD Meinst du, wir schwimmen im Geld?

ROGER *in Abwehrstellung, zeigt auf das überall verstreute Geld* Sieht so aus.

Dies bewirkt eine verlegene Stille.

RICHARD *will das Thema wechseln* Hast du ein gutes Quartal gehabt?

ROGER Ganz gut.

RICHARD Wie ist dein Durchschnitt? Wie bist du weggekommen?

ROGER Dreier.

RICHARD Wie hast du das Quartal angefangen?

ROGER Dreier.

RICHARD *bitter* Mach so weiter! Wenn du achtzehn bist, werden wir dich nicht mal in einer landwirtschaftlichen Schule unterbringen!

JENNY Sei nett!

Richard *bleibt der Mund offen, aber er sagt nichts.*

Stell die Uhr richtig.

RICHARD Sie geht richtig.

ROGER Sie geht zwanzig Minuten nach.

RICHARD *wütend* Dann stell du sie richtig!

JENNY Richard!

RICHARD Schnauze!

Roger *geht zum Kaminsims, wo die Uhr steht, und nimmt sie herunter.*

ROGER Was muß ich machen?

RICHARD Dreh am Knopf, dreh an dem Scheißknopf!

JENNY Richard, wenn du nicht ...

RICHARD *zwischen zusammengebissenen Zähnen* Schnauze, hab' ich gesagt! *Zu Roger.* Nein! Zu weit! Das ist ... NICHT ZURÜCKDREHN! *Sehr verärgert, nimmt* Roger *nicht allzu freundlich die Uhr ab,* Komm, gib mir die Scheißuhr. NIE ZURÜCKDREHN! Dreh eine Uhr nie zurück!

ROGER *aufgeregt, verwirrt* Es tut mir leid, ich ...

JENNY Roger, Schatz, warum gehst du nicht 'rauf mit deinem Koffer und ...

RICHARD *übertrieben auf die Uhr konzentriert. Sowohl zu sich selber als auch zu Roger* Man dreht eine Uhr nie zurück, nie.

JENNY Warum gehst du nicht auspacken?

ROGER *trotzig* Ich geh' schon. Ihr habt soviel Geld ... ich versteh' nicht, warum ihr euch keine Uhr kauft.

RICHARD ES LANGT JETZT!

JENNY Geh, pack aus; dann kannst du wieder runterkommen und uns helfen.

ROGER Soll ich raufgehn? Oder ist's euch lieber, ich mach' rechtsumkehrt und geh' gleich in die Schule zurück?

RICHARD SCHER DICH HINAUF!

ROGER *unterdrückt* Heiliger Strohsack!

RICHARD Und sag das nicht!

ROGER *hält ihm stand* Warum nicht?! Du sagst es ja auch! *Er geht ab.*

Kurze Stille. Richard *schmeißt die Uhr zu Boden.*

JENNY *ruhig, ungehalten* Das hilft!

RICHARD *heftig, trommelt sich mit den Fingern auf die Brust* Es hilft m i r ! MIR!!

JENNY *schließt für einen Augenblick die Augen, dann ganz sachlich* Ich möchte, daß du eine Liste machst ... was wir alles brauchen, was wir an Schnaps brauchen.

RICHARD *starrt sie an, ruhig* Hure.

JENNY *überhört es* Wir trinken Champagner, aber es gibt immer ein paar Leute, die keinen mögen, und ...

RICHARD *wie oben* Hure!

JENNY ... und darum wär's besser, du guckst nach. Falls wir f r i s c h e n Kaviar wollen, und das s o l l t e n wir eigentlich, dann muß ich ihn bei Blaustein holen ...

RICHARD *wie oben* Dreckige, verkommene, elende kleine Hure!

JENNY *ziemlich wild* Sei still! Du hast Roger im Haus!

RICHARD *mit höchster Lautstärke* ICH HAB' EINE VERKOMMENE, DRECKIGE HURE IM HAUS!

JENNY *winzige Pause. Fährt dann ruhig fort* Mach jetzt die Liste. In ungefähr einer Stunde sind sie da ...

RICHARD *lacht ungläubig* Eine Einladung! Wir geben eine Einladung!

JENNY *ihm gewachsen* Ja, das tun wir.

RICHARD *die Tränen, die schließlich kommen, Tränen der Wut und Verzweiflung, steigen langsam hoch. Wir merken an seiner bebenden Stimme, was kommt* Was ... was sollen wir tun? Ein Rundschreiben verschicken? Es die Nachbarschaft diskret wissen lassen? Ihnen sagen, sie sollen Freunden weitersagen, wo man auf seine Kosten kommmt? Hm?

JENNY Mach die Liste.

RICHARD Hm? Sollen wir das tun? Sollen wir? Hure?
Jetzt den Tränen näher.

JENNY Du kannst den Schnaps telefonisch bestellen, aber wir müssen wissen, was wir brauchen.

RICHARD *den Tränen noch näher* Oder ... oder vielleicht wissens sie's schon. Vielleicht ... vielleicht Chuck und Perry und Gil ... – wissen sie ... wissen ... sie es schon?

JENNY Liste.

RICHARD Li ... li ... liste? Wir ... al ... also ... wir brauchen ...
Er beginnt jetzt zu weinen.
... Wod ... Wod ... Wodka, und ...

JENNY *sanft* Amerikanischen oder russischen?

RICHARD *schaut auf, flehend* Beides?

JENNY Also beides.

RICHARD ... und ... und ... Whis ... Whis ... Whis ... schottischen Whisky und ... amerikanischen und ... *Weint jetzt unverhohlen* ... und Gin, und ... Gin, und ... Gin, und ... *Das Wort »Gin« zieht sich in die Länge, ein langes, gebrochenes Wort, unterbrochen von Seufzern zum Atemholen und dem Versuch, die Tränen zu beherrschen* ... G-i-i-i-n, und ... *Das letzte Wort, sehr lang, gebrochen, ein langgezogenes Heulen* G-i-i-i-i-n-n-n-n.

Der Vorhang *fällt langsam, während das Wort anhält.*

Zweiter Akt

Dieselbe Dekoration. Eine Stunde später. Richard, *allein auf der Bühne, sitzt dem Publikum zugewendet. Es wäre vielleicht reizvoll, wenn er den Zuschauern direkt in die Augen schauen würde, aber geistesabwesend, sie sehend, doch an etwas anderes denkend. Kein Versuch, ein neues Stilmittel zu etablieren (für* Richard); *es wird jedoch nicht wenigen Leuten einen erregenden Eindruck vermitteln.* Jenny *tritt auf, von* Roger *gefolgt, beide mit Gläsern usw. beladen.*

JENNY *nett, aber ihren Augen nicht trauend* Was tust du?
RICHARD Hm?
JENNY Was tust du? Roger, stell die dort rüber und paß auf, daß du keins kaputt machst.
ROGER *Mahnung bringt ihn in Verlegenheit* Ja, ja.
JENNY *stellt ihre Sachen ab* Ich hab' dich gefragt, was dir einfällt? In ungefähr zehn Minuten kommen deine Gäste, und ...
RICHARD *bösartig, aber ruhig; ein Ausbruch droht* Was soll ich tun?
ROGER *zerschlägt ein Glas* Scheibenhonig!
JENNY Ach, Roger ...
RICHARD Das ist richtig! Schlag das Haus zusammen!
ROGER Es ist ja nur ein G l a s ! Herrgott, es ...
RICHARD Wir schwimmen nicht ... — Weißt du, was so'n Ding kostet?
ROGER *steht seinen Mann* Nein. Wieviel?
RICHARD *zu* Jenny Wieviel kosten sie?
JENNY Ach, sie sind neu und ...
RICHARD *Anzeichen beginnender Hysterie* Sie sind neu?!
JENNY *ruhig* Ja. Und es sind Kristallgläser, und ich glaube ... ich glaube, das Stück kostet ungefähr vier-fünfzig ...
RICHARD *nach einen gequälten Blick zu Jenny spottend und kopfschüttelnd zu Roger* Vier-fünfzig das Stück. Du hast ein Scheißglas kaputt gemacht, und sie kosten vier ...
ROGER *wühlt in der Hosentasche* Also da. Zieh's mir ab.
RICHARD *widerliche Freude* Gib's deiner Mutter.
JENNY *lacht, überspielt es* Sei nicht albern, Schatz, Nein, Roger, nein.

ROGER *Hand wieder aus der Tasche* Für den häuslichen Frieden tu ich alles.

RICHARD Sei nicht frech!

JENNY *beschwichtigend, zu Roger* Schatz, geh 'rauf und zieh dich um. Die Leute werden gleich da sein, und dann mußt du mir helfen.

ROGER Brauch' ich einen Schlips?

RICHARD *wütend* Ja!

JENNY *völlig auf* Rogers *Seite* So leid's mir tut, mein Schatz. Geh jetzt rauf und mach schnell.

ROGER Schlips?

RICHARD Ja. U n d ein Hemd u n d Hosen u n d Socken u n d Schuhe ...

ROGER *geht, schüttelt den Kopf* Menschenskind!

RICHARD Und häng nicht aus'm Fenster und schau beim Tennis zu. Zieh dich um.

ROGER *salutiert salopp* Zu Befehl! *Er geht ab.*

RICHARD Und salutier nicht!

JENNY *nach einer winzigen Pause, vernünftig, ruhig* Es war nur ein Glas.

RICHARD *wendet sich ihr zu, ruhige Wut* Was hast du getrieben? Hinter meinem Rücken Zeugs gekauft? Kristall? Goldene Becher? Kleider?

JENNY Nur wenig.

RICHARD Nur wenig, was?!

JENNY *seufzt* Ein paar Kleider, diese Gläser, hübschere Bettwäsche. Ist dir nichts aufgefallen?

RICHARD *immer noch wütend* Was aufgefallen?!

JENNY *stillvergnügt* Die hübsche Bettwäsche. Ich dachte, sie ...

RICHARD Nein! Die hübschere Bettwäsche ist mir nicht aufgefallen, und, bei Gott, ich werde nicht drin schlafen! Ich schlafe mit dir nicht mehr im selben Zimmer!

JENNY *kühl* Und wo willst du schlafen?

RICHARD Was?

JENNY Ich hab' gefragt, wo du schlafen willst? Roger ist zu Hause, im Gastzimmer ist keine Matratze ...

RICHARD Wieso nicht?! Wo ist sie?!

JENNY Du hast sie rausgeschmissen. Als du mit Gelbsucht drinlagst, sagtest du, sie sei fürchterlich – die Matratze – da haben wir sie rausgeschmissen.

RICHARD Und warum haben wir keine neue gekauft?!

JENNY *zuckt die Achseln, beginnt vorzubereiten* Ach ... Geld, oder was weiß ich.

RICHARD JETZT KÖNNEN WIR UNS VERDAMMT LEICHT EINE LEISTEN!

JENNY *ruhig, bestimmt* Ich finde es nicht nötig. Du hast mir gesagt, ich soll »mich packen«.

RICHARD *dies unterbricht ihn für den Bruchteil einer Sekunde* UND? WANN GEHST DU?!

JENNY *unterbricht ihre Beschäftigung* Gleich. Gleich auf der Stelle.

RICHARD Du gibst eine Einladung! Du hast Leute eingeladen!

JENNY *tut, als ob dies alles komplizieren würde* Ach so, ja. Gut, dann geh' ich gleich nach der Einladung, sobald alle weg sind.

RICHARD Sehr gut.

JENNY *ruhig, vernichtend* Oder soll ich noch zum Aufräumen bleiben?

RICHARD *es fällt ihm nicht gleich etwas ein; schließlich* Luder.

JENNY Das muß jetzt nicht sein.

RICHARD Ich kann vor diesen Leuten nicht das Gesicht wahren. Ich bring' es nicht fertig, auch nur einem einzigen in die Augen zu sehn. Vielleicht schreie ich, oder weine, oder was weiß ich.

JENNY Du wirst dein Gesicht wahren. Du wirst es sogar fertigbringen, Chuck und Perry und Gil ganz klar in die Augen zu sehn, vielleicht zum erstenmal.

RICHARD Warum?! Weil meine Frau eine Hure ist?!

JENNY *fast einschmeichelnd* Nein ... sondern ... weil du sozusagen mal nicht der arme Verwandte sein wirst. Du kannst über den neuen Wagen reden, den du kaufen willst ... und – warum erhöhen wir nicht die Klubbeiträge, um den Pöbel abzuschrecken ... und Jenny und ich dachten für den kommenden Winter an Antigua ... – und so weiter.

RICHARD *ziemlich angewidert* Du bist hoffnungslos unmoralisch.

JENNY Keineswegs! Ich rede von Geld – von diesem Etwas, das uns zu Halsabschneidern macht, diesem Maßstab der Beurteilung, diesem Gradmesser für den Wert der Menschen!

RICHARD Es gibt andere Maßstäbe!

JENNY Nicht in den Kreisen, in denen wir verkehren! Nicht in unserem Milieu.

RICHARD Es gibt Geld und Geld!

JENNY Ja! Drei Arten! Zuwenig, zuviel und genügend!

RICHARD Korrumpiert!

JENNY Zuviel Geld korrumpiert, zuwenig korrumpiert. Genügend? Nie.

RICHARD Das »Wie« zählt! Wie!

JENNY Ach, erzähl mir nichts über »Wie«! Perry und seine Grundstücksverkäufe? Zehntausend für fünftausend Quadratmeter, hier in der Nähe, äh, in der Nähe des Bahndamms ... und sagt den verfluchten Idioten nicht mal, daß sie kein Wasser haben? Gilbert und sein feiner Verlag? Wie hoch ist sein Werbe-Etat für Schund? Tausende! Wieviel gibt er für ein halbwegs anständiges Buch aus? Nichts!

RICHARD Gut, gut ...

JENNY Und du in deinem wissenschaftlichen Laboratorium? Die ganzen Regierungsaufträge? Eine kleine Arbeit über Giftgas gefällig?

RICHARD Ich habe dir gesagt, daß um ... – ich hab' dir gesagt, kein Wort über das, was ich dir gesagt habe, zu sagen ...

JENNY Hast du's mir im Vertrauen gesagt? Dann sag ich dir jetzt im Vertrauen: Ihr stinkt alle zum Himmel, ihr seid alle Mörder und Huren!

RICHARD *nickt schnell einige Male* Überzeugende Vorstellung!

JENNY Du sagst es!

RICHARD *beißender Spott* Brav–vo!

JENNY Wenigstens das! Vorwärts! Weiter!

RICHARD Mit deinen Ansichten über Geld hättest du Jack heiraten sollen.

JENNY *selbstironisches Bedauern* Äh-häm. Du könntest recht haben.

RICHARD Obwohl ich nicht unbedingt glaube, daß ihm eine Hure zur Frau lieber wäre als mir.

JENNY *tröstend* Weißt du, wenn ich Jack geheiratet hätte, wäre das alles nicht passiert.

RICHARD *will sich auf sie stürzen, als Roger wieder auftritt* Ach, du ...

ROGER Ich bin angezogen.

Sie schweigen beide, denn Rogers Ton verrät eine merkwürdige, unpersönliche Mißbilligung.

JENNY *erholt sich* Es ist auch höchste Zeit. Sie kommen jede Sekunde. Meine Güte, siehst du fein erwachsen aus.

ROGER Du hast mich doch schon mal mit Schlips gesehen. *Zu* Richard: Wolltest du sie schlagen?

RICHARD Kümmer dich um deine eigenen Angelegenheiten.

ROGER *leicht verwirrt* Das s i n d meine Angelegenheiten, dachte ich.

RICHARD Falsch gedacht. Gewaschen hast du dich vermutlich nicht.

ROGER Na ja, ich hab' keine Zeit für'n Vollbad gehabt, wenn du das meinst. Warum s i n d das nicht meine Angelegenheiten?

RICHARD Darum! Hast du saubere Fingernägel?

ROGER *zu* Jenny, *die gleiche, leicht mißbilligende Neugier* Wollte er dich schlagen? *Betrachtet seine Fingernägel.* Es geht.

JENNY Sei nicht albern, mein Schatz. Dein Vater schlägt keinen, der größer ist. Komm, hilf mir jetzt. Die Gläser dort drüben ...

ROGER *etwas brummig* Alle schlagen sich immer, wenn man nicht im Zimmer ist.

JENNY *ausgesprochen gekränkt* Roger!

RICHARD *knurrend* Kleines Scheusal.

ROGER Ich beklag' mich ja nicht. Ich stell' es nur fest.

RICHARD Behalt deine Feststellungen für dich.

JENNY Niemand schlägt hier irgend jemand.

RICHARD Auf jeden Fall nicht über der Gürtellinie.

JENNY *»nicht vor Roger«* Richard!

RICHARD *wird stiller* 'tschuldigung! Tut mir sehr leid. Alles tut mir leid. Alles und jedes.

RORGER *ein Apart zu Jenny* Was hat Papa?

JENNY, Richard *kann natürlich beide hören* Ach, nichts. Einladungen regen deinen Vater auf, nichts weiter.

ROGER *geht zu* Richard, *aufrichtig* Ich helfe euch.

RICHARD *schaut ihn einen Augenblick lang an, dann mit einem kopfschüttelnden Lachen, das mit einem Auslachen verwechselt werden könnte, es aber nicht ist* Ach, Junge-Junge! Danke!

ROGER *zieht sich ein wenig zurück, verletzt* 'tschuldige.

RICHARD *ziemlich wütend* Roger! Wirklich! Ich danke dir!
ROGER *ein wenig bestürzt* Schon gut.
Haustürglocke läutet.
JENNY *seufzt, wappnet sich* Da. Es geht los.
RICHARD *kleiner Junge* Das wird fürchterlich.
ROGER He, was krieg' ich zu trinken?
RICHARD Coca Cola.
ROGER Aaaachhh ...
JENNY *abgehend* Ich geh' raus.
RICHARD Roger, tu mir einen Gefallen.
ROGER Klar. Was?
RICHARD Werde ein anständiger Mensch.
Aus der Diele Stimmen, Begrüßung.
ROGER *leichthin* Abgemacht. Weißt du wie?
RICHARD Sei ... einfach anständig.
ROGER Der Apfel fällt nicht weit vom Stamm ... heißt es.
Jenny tritt wieder auf, mit Chuck *und* Beryl.
BERYL *zu Jenny, während sie auftreten* Nein, es war herrlich, aber ein b i ß c h e n Regen wär' mir lieb. Unser Rasen ist ganz braun und fleckig.
JENNY Ach? Wir schaffen's mit unserem.
BERYL Goldene Hände, mein Schatz.
CHUCK Bis wir fliegen, regnet's nicht. Wir fliegen nach ... 'Abend, Richard!
RICHARD *schüchtern* 'Abend, Chuck. Beryl.
BERYL Sind wir zu früh? Ich hab' Chuck g e s a g t, wir werden die ersten sein.
JENNY Sei nicht albern.
CHUCK Und i c h hab' gesagt: Na und? Die ersten werden die letzten sein. Schlechte Erziehung. Roger!
ROGER 'Abend.
BERYL *zu Roger, ziemlich erstaunt* Wirst du jedesmal größer, wenn ich dich sehe?
ROGER Möglich. Ich seh' Sie ja nicht oft.
JENNY Er wird jedesmal frecher, wenn du ihn siehst, d a s kann ich dir sagen.
CHUCK *Konversation* Wie geht's der Schule, Roger?
ROGER Ausgezeichnet.
CHUCK Hast du Ferien? Nein, ist das eine blöde Frage. Weißt du 'ne blöde Antwort?
ROGER Heb' ich mir fürs Examen auf.
Ziemliches Gelächter.

RICHARD Wie wahr! He: Wie wär's mit was zu trinken? Champagner oder was Richtiges?

CHUCK *herzlich* Champagner!

BERYL *zu* Chuck Du weißt, wie er dir bekommt. *Zu* Jenny. Plagt sich die ganze Nacht, gekrümmt wie 'n Hufeisen. Sodbrennen.

CHUCK *zu* Richard, *bedauernd* Ich glaub', ich trink' lieber Whisky. Schottischen.

RICHARD Gut. Beryl? *Geht zu ihr.*

ROGER Kann ich was helfen?

BERYL *betrachtet prüfend den Kaviar, zu* Jenny Frisch, wie fein. Hast du deinen aus der Stadt?

JENNY Nein; Blaustein hat frischen.

BERYL *zu Richard* Gin, mein Schatz, mit 'n bißchen Eis. *Wieder zu* Jenny. Weißt du, frischer Kaviar hält sich nicht, und ich habe zu Blaustein kein Vertrauen.

JENNY *ein winziges bißchen Pikiertheit* Oh, der ist absolut frisch.

BERYL *dünnes Lachen* Ich bin davon überzeugt. Ich finde nur, Blaustein mogelt ein bißchen ... legt ihn ein-zwei Tage länger auf Eis, als er ...

JENNY Möchtest du 'n Häppchen Kaviar, Chuck?

CHUCK Sehr gern. *Geht hin.* Toast? Toast?

JENNY Nein, Knäcke.

BERYL *geht vom Kaviar weg, betrachtet den Garten; überschwenglich* Wie machst du's nur?! Wie bekämpfst du das Unkraut ... — ... und beschneiden und bestäuben ... ?

JENNY *stolz* Goldene Hände.

CHUCK Prost!

DIE ANDEREN *fast gleichzeitig* Prost!

BERYL Und weil ihr jetzt nicht kneifen könnt: Ich brauche euch für die Blutbank.

JENNY Richard kann nicht.

BERYL Warum nicht?

JENNY Gelbsucht. Und Roger sollte auch nicht. Er braucht alles, was er hat.

ROGER Ich hab' nichts gegen Blutspenden.

JENNY *leicht, aber bestimmt* Ich finde, du s o l l t e s t nicht, Roger.

BERYL Ja, Jenny, dann mußt du für die ganze Familie bluten.

RICHARD Ich finde, sie sollte nicht.

BERYL Warum nicht, um Himmels willen?

JENNY Ja. Warum nicht?

RICHARD *bestimmt* Ich finde einfach, du solltest nicht.

JENNY *ein wenig verärgert* Hast du einen Grund? Oder willst du unser Blut bloß hamstern?

RICHARD *zu große Bemühung um einen Witz. Nur* Jenny *wird verstehen, was er meint* Ach, nein. Du ... du könntest, irgendeine scheußliche Krankheit haben, ohne es zu wissen.

BERYL *während* Chuck *lacht* Aber Richard! Wirklich!

Haustürglocke.

ROGER Soll ich gehn?

JENNY *abgehend, ein schneller Blick zu* Richard Ich geh' schon. Bedient euch, wenn ihr ... *Beendigt den Satz nicht und geht ab.*

RICHARD *winzigster Spott* Wie geht's der Hochfinanz, Chuck? Wie steht's an der guten alten Börse?

CHUCK Ach, genau wie in der Ehe ... : 'rauf und 'runter, 'rauf und 'runter.

Dünnes Lachen von Beryl *und* Richard.

ROGER Was bedeutet das?

RICHARD Nichts.

ROGER Warum hat er's dann gesagt?

RICHARD *verärgert* Du weißt ganz genau, was es »bedeutet«, also warum fragst du?

ROGER *achselzuckend* Aus Höflichkeit. Du hast gesagt, ich soll helfen.

Jenny *tritt mit* Gilbert *und* Louise *wieder auf.*

JENNY Richard! Gilbert und Louise sind da!

RICHARD Ach! Kommt rein! Ihr kennt Beryl und Ch ...

LOUISE Ja, ich glaube, wir kennen uns vom Klub.

GILBERT Ja, natürlich.

BERYL Wie nett, Sie beide mal wiederzusehn.

CHUCK Hier drüben gibt's zu trinken. Champagner und was Richtiges.

LOUISE Wie nett von euch, uns einzuladen. Ach, schau mal deinen Garten an! Und den Rasen! Wie machst du das bloß?

BERYL Ich habe eben drüber geredet. Ich weiß nicht, wie sie's machen.

GILBERT Was habt ihr für einen Gärter? Shropie?

RICHARD Wen?

GILBERT Shropshire. Er hat eine ganze Gruppe von ...

LOUISE Wir haben Shropshire, der schickt immer zwei Mann. Aber wir haben auch 24 000 Quadratmeter, das ist ein Unterschied.

GILBERT Der nimmt's von den Lebenden.

BERYL Dafür ist er g u t. Chuck und ich haben auch schon an ihn gedacht, und ...

CHUCK Mich kriegt niemand dazu, mein Wochenende mit Mähen ...

JENNY Es verdirbt irgendwie den Spaß, wenn man's jemand anders machen läßt ... – die Arbeit ...

RICHARD *versuchsweise* Wir ... wir könnten's mal mit jemand versuchen.

JENNY *verstecktes Lächeln* Ach? Ja, warum nicht?

RICHARD *beißend, weil er ertappt ist* Verdirbt den Spaß.

JENNY *zu den anderen* Wir möchten uns aber ein Treibhaus anschaffen.

RICHARD M ö c h t e n wir?!

LOUISE Ach, ihr müßt. Wir sind so froh über unseres.

JENNY Ich hab' schon immer eins gewollt.

CHUCK Mensch, Richard, Du mußt in der Wolle sitzen: Treibhaus, Champagner, Kaviar ...

RICHARD *lacht leicht* Nein ... wir ... *Zuckt die Achseln, beendigt den Satz nicht.*

JENNY Nein, aber wir müssen nicht knausern.

BERYL *ihre Augen verengen sich leicht* Ach, das freut mich aber.

ROGER *des Fragens müde* Kann ich was helfen?

LOUISE Roger! S c h a t z ! Ich habe dir nicht mal guten Abend gesagt. Gilbert! Roger ist da.

GILBERT Roger, mein Junge. Schulferien?

ROGER *falsche Herzlichkeit* Jawohl!

GILBERT Geht's dir gut?

ROGER Laß' mich nicht unterkriegen, wie man sagt.

GILBERT Brav, mein Junge. He, Rich, das ist prima Kaviar. Wo hast du ihn her?

RICHARD Jenny hat ihn besorgt. Ist von Jenny.

JENNY Ich hab' ihn von Blaustein. Genauso frisch, als ob ich ihn aus der Stadt geholt und ...

GILBERT Verdammt gerissener kleiner Saujud, der Blaustein. Verkauft Kaviar und ...

ROGER Wir mögen hier solche Ausdrücke nicht.

Alle schauen ihn an, nicht ganz sicher, was er meint.

Wenigstens nicht in unserer Familie.

Wieder Haustürglocke.

JENNY *froh über die Gelegenheit* Ich geh' raus. *Geht ab.*

Beide, nur um irgend etwas zu sagen.

BERYL Ich sag' trotzdem, wenn man ihn in der Stadt kauft, m u ß er frischer sein.

LOUISE Im ersten Jahr, als wir das Treibhaus hatten, war ich verblüfft.

RICHARD Trinken wir was! Los, Kinder, die Bar ist eröffnet.

GILBERT *zu* Richard, *während sie sich der Bar nähern* Was hab' ich denn gesagt?

RICHARD Nichts, nichts.

CHUCK Dein Sohn ist ein kleiner Klugscheißer, hm?

GILBERT *gekränkt* Was hab' ich denn gesagt?

RICHARD *gleichzeitig* Nichts, nicht der Rede wert.

BERYL Aber macht es nicht schrecklich viel Arbeit?

CHUCK Ich begreif' den Champagner nicht. Wieso? Was ist los?

LOUISE Aber nein. Nicht, wenn man an alles denkt: Wasser, Luft, Wärme, und ...

RICHARD *gleichzeitig* Was los ist? Nichts.

BERYL *lacht* ... und was halt so dazu gehört!

CHUCK Mir kommt's ganz schön festlich vor.

LOUISE Man muß sich eben dran gewöhnen, weiter nichts.

ROGER *»falls sich jemand was draus macht«* Ich bitte um Entschuldigung.

Jenny *tritt wieder auf, mit* Cynthia *und* Perry

JENNY Die Nachzügler. Cynthia und Perry Straggler.

PERRY 'Abend, Leutchen.

ROGER *zu sich selber* Leutchen.

GILBERT Ach, schau mal, wer da ist? Perry! 'Abend, Cyn!

CYNTHIA *zu allen* 'Abend, alle miteinander!

RICHARD Hier ist die Bar, Kinder.

CYNTHIA Ach! Schau dir das alles an!

CHUCK Stimmt's, was ich gehört hab', Perr?

PERRY Wahrscheinlich. Was?

CHUCK Du verkaufst den Schwarzen die Grundstücke zweimal teurer als handelsüblich?

Gelächter, denn dies ist ein Witz.

PERRY Kein Wort wahr! D r e i m a l teurer als handelsüblich, und auch d a f ü r kriegen sie kein unbeschränktes Eigentumsrecht.

Noch mehr Gelächter.

ROGER In der Schule sind zwei Negerjungen; Stipendiaten.

GILBERT *nicht allzu freundlich* So? *Zu* Richard Du solltest deinen Jungen nach Choate schicken, Dick. D a s ist eine gute Schule.

ROGER Dort gibt's a u c h Negerjungen.

GILBERT Mach keine Witze.

ROGER Wieso nicht? Ich meine, wieso mach' ich Witze?

BERYL *nicht snobistisch* Es wird langsam ein Problem.

CYNTHIA Ich w e i ß .

LOUISE *sehr ernst* Je nun ... es ist eine Zeit des Umschwungs.

JENNY Es ist Zeit, daß wir was trinken, dafür ist jetzt Zeit! Cynthia? Louise?

ROGER Letzten Endes wird es in der Rassenfrage – was immer das auch ist – keine Lösung geben, bis wir alle kaffeebraun sind.

BERYL Roger!

JENNY Schatz!

GILBERT Wo hast du d i e s e Theorie her?

ROGER Aus einem Buch.

PERRY Ein b i ß c h e n Wissen ist eine gefährliche Sache, Roger.

CHUCK Theorien aus Büchern gehören in Bücher.

RICHARD *zu* Roger: Warum reichst du nicht den Kaviar 'rum? Ich dachte, du willst helfen.

ROGER Ich hab' ja gefragt! Ich hab' auf meinen Hinterbeinen rumgestanden und gefragt, ob ich helfen kann, und alle haben mich wie Luft behandelt!

RICHARD *aus der Fassung* Du hast auf deinen Hinterbeinen rumgestanden und alle beleidigt, das hast du rumstehenderweise getan!

ROGER *fast ein Schmollen* Das war nachher.

CYNTHIA Ach, um Himmels willen, laß ihn in Ruhe! Er ist ein süßer Junge. Wie alt bist du, Roger-Liebling?

ROGER Ich bin zwölf.

JENNY Du bist vierzehn!

RICHARD Ist er n i c h t, er ist fünfzehn.
JENNY Ich müßte wissen, wie alt mein Sohn ist.
RICHARD Du müßtest, ja.
CHUCK Wo stellst du das Treibhaus hin, Dick?
RICHARD Hm? Ach so ... dort draußen. *Gestikuliert unbestimmt.*
JENNY *ziemlich spitz* Zeig doch w o, Liebling.
RICHARD *in der Falle* Hm?
LOUISE Ach, ich möcht's liebend gern sehn! Zeig's uns!
CYNTHIA Ja! Und i c h möcht' mir Jennys Rosen ansehn.
Cynthia *und* Louise *gehen durch die Verandatür hinaus,* Perry *folgt ihnen automatisch.*
CHUCK Los! Auf in den Garten. Jemand soll eine Flasche Champagner mitbringen.
GILBERT *folgt* Chuck: Kein Mensch trinkt Champagner.
CHUCK Na ja ... dann eben eine Flasche Whisky.
Die beiden Männer lachen und folgen den anderen hinaus.
JENNY *zu Richard* Nun?
RICHARD *richtigstellend* Zeig ihnen selber, wo wir das Treibhaus hinstellen.
JENNY *blendendes, wenn auch freudloses Lachen* Ja.
Die Haustürglocke läutet. Jenny *erschrickt.*
Wer ist das? Wir haben sonst niemand eingeladen.
RICHARD *in den Garten abgehend* D e i n e Einladung. Zerbrich du dir den Kopf.
JENNY *zu Beryl* Ich hab' keine Ahnung, wer das ist. Roger, Schatz ... geh ... schau nach.
Roger *geht durch Türbogen ab.*
Falls es nicht Jack Foster ist. Er fällt immer so ins Haus, und ...
BERYL *setzt sich auf Garten zu in Bewegung*
Wenn er es ist, laß ich euch beide allein.
JENNY *Ärger kommt durch* Und was soll d a s zu bedeuten haben?!
BERYL *heiseres Lachen, während sie abgeht* Nichts, mein Schatz, überhaupt nichts.
Wir werden draußen wahrscheinlich einen oder mehrere Gäste sehen, die den Garten bewundern, und Richard, *der aus dem Stegreif erklärt, wo das Treibhaus stehen wird; sie werden uns jedoch immer den Rücken zuwenden und bis zu ihrer Rückkehr nie ins Zimmer schauen.*
ROGER *tritt wieder auf* Eine Frau will zu dir.

Frau Toothe tritt auf. Jenny starrt sie mit offenem Mund an.

FRAU TOOTHE Guten Abend, meine Liebe.

Jenny *starrt nur.*

Ich habe guten Abend gesagt, meine Liebe.

JENNY *starrt sie immer noch an* Roger, geh' in den Garten.

ROGER *gewinnend* Warum?

JENNY *dreht sich zu ihm, fährt ihn an* Ich hab' gesagt: geh in den Garten!

ROGER *etwas widerwillig, dreht sich auf den Absätzen, geht* Herrgott!

JENNY *entsetzt* Was wollen Sie?

FRAU TOOTHE Ich will reden. *Setzt sich.* Ahhh, das tut gut! Ich hasse Gehen.

JENNY Sie können nicht hierherkommen. Sie dürfen nicht.

FRAU TOOTHE Ich weiß, meine Liebe, es ist sehr taktlos ... aber äußerst wichtig.

JENNY *Zorn und darunter panische Angst* Ich gebe eine Einladung! Habe Gäste!

FRAU TOOTHE Ich verstehe. Also gut, ich bin ein Gast.

JENNY Nein! Tut mir leid. Nein!

FRAU TOOTHE Warum nicht?

JENNY Es sind Freunde. Richard glaubt, Sie seien im Krankenhauskomitee, und ...

FRAU TOOTHE Gut, ich bin im Krankenhauskomitee.

JENNY Es sind lauter Leute von hier, und Beryl sitzt im Krankenhauskomitee, und ...

FRAU TOOTHE Beryl?

JENNY Ja, und Louise auch ... und ... und ...

FRAU TOOTHE Nun, dann müssen Sie eben etwas erfinden: Ich bin nicht von hier, ich bin von ...

JENNY Bitte! Gehen Sie!

FRAU TOOTHE *bestimmt, kühle Höflichkeit* Ich habe es Ihnen gesagt, meine Liebe. Es handelt sich um etwas von beträchtlicher Wichtigkeit. Weiß es Ihr Mann?

JENNY Ja, ich hab's ihm heute gesagt. Ach, mein Gott, wenn er Sie sieht und erfährt, wer Sie sind ... ich weiß nicht, wozu er im ...

FRAU TOOTHE Er wird eben gute Miene zum bösen Spiel machen müssen. *Pause, Lächeln* Oder nicht?

JENNY *die demütigste Bitte ihres Lebens* Bitte! Bitte gehen Sie!

Beryl und Chuck sind auf dem Weg ins Zimmer zurück.

FRAU TOOTHE Ihre Gäste kommen wieder herein.

Jenny wirbelt herum.

BERYL *bemerkt* Frau Toothe *noch nicht* Jenny, mein Schatz, Chuck und ich sind völlig einer Meinung: Dein Mann ist ein Engel. Das Treibhaus wird absolut fabelhaft. Du wirst ...

JENNY *unterbrechend* Beryl, Chuck, das ist Frau Toothe. Richard und ich haben sie letztes Jahr in St. Thomas kennengelernt, und sie ist schnell vorbeigekommen, um ...

FRAU TOOTHE *ruhiges Lächeln* Guten Abend, Beryl, meine Liebe. Mit Ihnen habe ich ein Hühnchen zu rupfen.

CHUCK *während* Jenny *mit offenem Mund beobachtet* Mein Gott, was tut die hier?

BERYL *kühl, ruhig* So? Wirklich?

FRAU TOOTHE Ja, allerdings.

JENNY *schließlich, zu Beryl, völlig perplex* Du?!

BERYL *während* FRAU TOOTHE *in sich hineinlacht, ganz ruhig, mit einem winzigen Lächeln* Ja. Und du auch, scheint es.

JENNY *Staunen* Mein Gott.

Die anderen Gäste kommen wieder zurück: Louise, Cynthia, Perry, Gilbert und Richard. Roger ist immer noch draußen.

LOUISE ... und ich finde, wenn man Nachmittagssonne will, dann muß man sich eben darauf einstellen, und ... *Erblickt* Frau Toothe.

RICHARD *außer* Richard *haben alle* Frau Toothe *gesehen; alle, außer ihm, starren sie an* Wir könnten es natürlich umdrehn, glaube ich, obwohl wir dann mehr umgraben ... – *Er erblickt sie, die Stille fällt ihm auf. Zu Frau Toothe* Guten Abend. Wir haben uns schon mal gesehn, nicht?

FRAU TOOTHE *sehr nett* Ja, aber nicht kennengelernt. Ich bin Frau Toothe. Guten Abend, Cynthia. Louise, meine Liebe.

Sie nicken.

RICHARD *begreift es noch nicht* Nun, Sie kennen ja schon alle, und ...

FRAU TOOTHE Wo waren Sie am Donnerstag, Beryl, meine Liebe?

BERYL Ich hatte ... ich hatte Kopfweh, und ...

FRAU TOOTHE Tja, das wird Sie hundert Dollar kosten. Jemand ist enttäuscht gewesen.

RICHARD *es dämmert noch nicht ganz* Kennen ... kennen Sie sich alle?

FRAU TOOTHE Nun ja, ich kenne alle diese Damen, und ich habe auch ihre Männer kennengelernt; aber ich kannte sie ... nun ja, wie soll ich sagen ... –: ich glaube, wir w u ß t e n bis jetzt nicht, daß wir uns alle kennen.

JENNY *gelähmt und unglücklich* Das ist ... Frau Toothe, Liebling.

GILBERT *eher erfreut* Perry, du hast mir nie was gesagt.

LOUISE Cynthia, mein Schatz, es wundert mich, daß wir uns in der Stadt nie über'n Weg gelaufen sind.

RICHARD *setzt Stück um Stück zusammen* Augenblick mal ... heißt das ...

PERRY *er ist auch eher erfreut* Ach, du lieber Gott.

FRAU TOOTHE *zu Richard* Und ist es nicht entzückend, alle meine Damen aus der Vorstadt unter einem Dach anzutreffen?

RICHARD Alle Ihre Damen, und *zu den Frauen* Ihr a l l e? *Zu den Männern.* Und I h r habt es gewußt?

GILBERT *nicht ganz freundlich* Selbstverständlich.

PERRY *leicht herablassend* Ja, natürlich.

BERYL Aber es ist absolut fabelhaft, daß keiner von uns was vom andern wußte.

CYNTHIA *zu* Louise, *spöttisch scheltend* Du und deine Besorgungen in der Stadt.

LOUISE *kichert ein wenig, zu Beryl* Und die vielen Museumsbesuche.

FRAU TOOTHE *geschäftsmäßig* Nun, da wären wir also beisammen.

RICHARD *er weicht ein wenig zurück, lautlos, als stünde er vor einer Mauer unheimlicher Gestalten* Ich glaube es nicht, ich ... ich glaube es nicht, ich ...

JENNY *leise flehend* ... Richard ...

CHUCK *schüttelt den Kopf, lacht in sich hinein* Menschenskind! Ach, du lieber Gott! *Lacht offen heraus.*

RICHARD *zu* Perry Ihr habt es ... Ihr habt es gewußt? Die ganze Zeit?

GILBERT *leicht gönnerhaft* Und du? Hast du's eben erst 'rausgefunden?

RICHARD *winzige Pause. Ein echter Schrei* J a w o h l ! ! ! *Pause.*

CHUCK *ruhig, ziemlich streng* Nimm dir was zu trinken, Junge. Beruhige dich.

Chuck *klopft* Richard *auf die Schulter und geht auf die Bar zu.*

RICHARD *leise, großer Verlust* Ja!

GILBERT *nüchtern* So, jetzt weißt du's. Und jetzt wissen wir's alle.

Roger *tritt auf.*

ROGER He! Wißt ihr, daß man schon die Venus sieht? Die Sonne ist noch nicht mal untergegangen, und . . .

JENNY Roger, geh hol was.

ROGER Was . . . was steht zu Diensten?

JENNY Richard? M a c h was!

PERRY *wühlt in der Tasche* Roger, sei ein netter Junge, lauf zum Klub rüber und besorg mir 'n bißchen Tabak, ja?

ROGER *empfindet die Stille* Ja . . . ja, klar.

PERRY Und kauf dir 'ne Coke oder sonstwas.

JENNY Das ist lieb von dir.

ROGER *verwirrt, leicht widerstrebend* Also . . . was . . . was für eine Marke?

PERRY Was?

ROGER Was für eine T a b a k marke?

PERRY Ben am Empfang. Ben weiß es. Sag ihm, es sei für mich.

ROGER *Mißtrauen, Verwirrung vorüber, läuft hinaus.* Also gut. Bin gleich wieder da!

RICHARD Bitte, ihr alle . . . macht, daß ihr 'rauskommt.

FRAU TOOTHE Wie gesagt, es tut mir leid, daß ich kommen mußte, aber ich hatte Unannehmlichkeiten.

BERYL Was für Unannehmlichkeiten?

FRAU TOOTHE Dergestalt, daß ich nicht wagte, das Telefon zu benutzen, nicht wagte, Sie anzurufen.

PERRY Polizei?

FRAU TOOTHE Ja.

JENNY *stiller Schreck* Oh, mein Gott.

FRAU TOOTHE Ein Mann namens Lurie. Detektiv, glaube ich.

CHUCK Ist er nicht käuflich?

FRAU TOOTHE Nicht zu haben.

GILBERT Verdammt merkwürdig.

FRAU TOOTHE So ist es. Nichtsdestoweniger: Es ist nichts zu machen.

Richard *beobachtet dies alles aus einiger Entfernung. Vielleicht sitzt er.*

PERRY Hat er Fragen gestellt?

FRAU TOOTHE Nein ... Befahl mir, das Haus zu räumen.

LOUISE Er hat doch keine N a m e n verlangt?

FRAU TOOTHE Es war keine Razzia. Außerdem bekäme er keine.

BERYL *seufzt erleichtert* Wenigstens das.

GILBERT Ja. Wenigstens d a s .

FRAU TOOTHE *heiter* Ich glaube nicht, daß ich gefragt wurde, was ich gerne trinken möchte.

Pause

Oder?

JENNY *denkt an anderes; hauptsächlich, was* Richard *denken könnte* Ach, nein, ich glaube nicht.

FRAU TOOTHE *zu* Richard Es sei denn, Sie haben etwas dagegen, wenn ich ... in Ihrem Hause die Lippen netze.

RICHARD *fast auf einem Ton, ein entsetzter Ausdruck* Nein, bitte, trinken Sie, was Sie wollen. Es gibt Champagner und ...

FRAU TOOTHE *ein kleines Lachen* Gütiger Himmel, das lieber nicht. *Zu* Chuck, *der immer noch bei der Bar steht.* Gibt es auch Whisky?

CHUCK Natürlich. Pur?

FRAU TOOTHE Sehr. Und einen Eiswürfel.

CHUCK Gesagt, getan. *Zu* Richard, *nachträglicher Einfall* Hast du was dagegen ... wenn ich die Honneurs mache?

RICHARD *wie oben* Nein, bitte, mach nur.

CYNTHIA Ich glaube, ich möchte auch einen. Perry?

PERRY Jawohl.

Allgemeines Hin und Her, erneutes Einschenken, Gläser-Herumreichen usw.

GILBERT *zu Frau Toothe, will mehr wissen, als seine Frage ausdrückt* Ich ... ich nehme an ... Sie werden ... ausziehen müssen?

FRAU TOOTHE Ich bin weg! Ich bin schon ausgezogen. Ein Psychiater wird mein Nachfolger.

BERYL *kichert* Das gibt 'ne Überraschung für die Stammkunden.

CYNTHIA *lacht auch* Ach, Beryl! Wirklich!

PERRY *streckt sich aus, atmet aus* Ja, ich glaube, du w a r t e s t lieber noch mit deinem Treibhaus, Dick.

CYNTHIA Ja. Und räumt den Kaviar ab.

LOUISE Wie schade. *Nachträglicher Einfall* Wie schade für uns alle!

RICHARD *nimmt es kaum auf* Hm?

GILBERT *ziemlich sentenziös* Ja ... wir werden alle den Gürtel ein bißchen enger schnallen müssen.

FRAU TOOTHE *nippt an ihrem Glas* Warum? *Munter* So etwas kommt eben vor. Es bedeutet nie das Ende.

BERYL Für Sie ist das freilich was anderes. Sie sind daran gewöhnt.

FRAU TOOTHE *nachdenklich* Oohhh, man kann sich an alles gewöhnen ... möchte ich meinen. *Zu* Richard. Meinen Sie nicht auch?

RICHARD Oh, Gott.

LOUISE Ja. Aber man kann sich nicht an den Gedanken ans Gefängnis gewöhnen, von den Zeitungen ganz zu schweigen und ...

CHUCK P o l e n t e ist hinter Ihnen her.

PERRY Wo wollen Sie hin?

FRAU TOOTHE *winzigste Pause* Warum nicht ... hierher.

EINIGE *erschrockene Töne, Unglaube* Hier heraus?!

FRAU TOOTHE Warum nicht?

LOUISE *ziemlich hochtrabend* Das ist bestimmt nicht Ihr Ernst.

FRAU TOOTHE Ausgezeichnete Zugverbindungen ... unbescholtene ... ländliche Gegend ...

CHUCK *unsicher* Ja, die Zugverbindungen sind gut, aber ...

FRAU TOOTHE Falls man eine passende Liegenschaft finden könnte ... *Schaut* Perry *an.* Was glauben Sie?

PERRY Nein, nein, das geht keinesfalls ...

GILBERT Ausgeschlossen.

FRAU TOOTHE *tut, als ob sie aufstehen und gehen möchte. Sehr geschäftsmäßig* Ja, dann muß ich eben eine geeignete Stadt finden ... irgendeine ... deren Polizei tief schläft oder ... zugänglich ist. Ihr Damen werdet mir allerdings fehlen.

BERYL *tastend* Selbstverständlich ... *Hält inne.*

PERRY
CYNTHIA
GILBERT } *mehr oder weniger gleichzeitig* Ja . . . ?

BERYL *ein wenig verlegen und gleichzeitig schmeichelt ihr die Aufmerksamkeit* Ja, ich wollte sagen . . . es . . . es dürfte nicht genau hier sein, ich meine, genau hier. Es könnte . . . in der Nähe sein.

JENNY *sie hat schon eine ganze Weile nichts gesagt* Ja, natürlich. Das wäre . . . *Läßt es unausgesprochen.*

RICHARD *als ob er alles wie durch einen Nebel hören würde* Was hast du gesagt, Jenny?

JENNY *nackt und verlegen, doch wenn man sich unter Nudisten befindet* Ich wollte sagen . . .

RICHARD Ja . . . weiter.

JENNY *wenn* Jenny *physisch erröten und doch beherzt sein kann, ausgezeichnet* Ich wollte sagen: wenn es hier draußen sein könnte, dann . . . dann wär das bequem.

RICHARD Wie war das letzte Wort?

JENNY *winzigste Pause* Bequem . . . es wäre bequem.

RICHARD *nickt, lacht in sich hinein* Äh-häm. O ja. *Lacht noch mehr in sich hinein.* O Gott, ja. *Einige unterdrückte Tränen in seinen Worten.* Besonders mit Roger im Haus: Du könntest zum Marmeladebrotstreichen zurück sein – da er jetzt nicht ins Feriendorf geht . . . – weil wir ihn b e i uns haben wollen, nicht, weil wir's uns nicht leisten könnten.

FRAU TOOTHE Ich finde es am besten, wenn wir uns auf das rein Geschäftliche beschränken. Finden Sie nicht?

PERRY Ja, ich finde.

CHUCK Gute Idee.

FRAU TOOTHE Und das muß unter uns Männern besprochen werden. Jenny, warum gehen Sie nicht hinaus und zeigen den Mädchen Ihre Rosen?

JENNY *damit beschäftigt,* Richard *zu beobachten* Hm?

FRAU TOOTHE Zeigen Sie den Mädchen Ihre Rosen.

BERYL *geht allen voran* Ja, warum sehen wir uns nicht nochmal den Garten an? Da gibt's soviel zu sehn.

CYNTHIA Ja. Kommst du, Louise?

LOUISE *stimmt dem Vorschlag feierlich bei* Natürlich.

FRAU TOOTHE Jenny?

JENNY *Abneigung,* Richard *zu verlassen, geht aber* Also gut ... ich ... gut. *Geht ab.*

Die Männer bleiben jetzt mit Frau Toothe *zurück.*

RICHARD *von da, wo er sitzt, wenig gefühlsbetont* Sie sind ein bißchen eigenmächtig, nicht?

FRAU TOOTHE *fröhlich besänftigend* Es ist soviel einfacher ohne sie.

RICHARD Dies ist mein Haus.

GILBERT Ach, hör doch auf, Richard.

CHUCK Wir können von Glück reden, daß wir nicht alle im Gefängnis sitzen.

FRAU TOOTHE Nein, dazu wird es nicht kommen. Wer gibt mir noch etwas zu trinken?

PERRY *nimmt ihr Glas* Whisky und Eis?

FRAU TOOTHE Ja. Danke. Ein Würfel.

GILBERT *zu Chuck* Wieviel verlieren Sie voraussichtlich dabei?

CHUCK *klägliches Lachen* Zuviel. Verdammt viel zuviel.

GILBERT *grüblerisch* Jaahhh. Steuerfrei. Kann sich beizeiten zur Ruhe setzen, wenn man will. Wenn's so weiterginge. Louise und ich haben drüber geredet.

RICHARD *mischt sich jetzt ein, ein Neubekehrter* Habt ihr? Habt ihr darüber geredet. Einfach ... drüber geredet?

GILBERT Natürlich. Ach, ich weiß, wie dir ist. Mir ging's genauso ... eine Zeitlang.

CHUCK Ich wollte das Haus zusammenschlagen.

PERRY *kommt mit dem Whisky von* Frau Toothe *zurück.* Ich h a b ' das Haus zusammengeschlagen. War eine gute Ausrede für eine neue Einrichtung.

CHUCK *macht es sich bequem* Komisch, wie schnell man sich an den Gedanken gewöhnt.

PERRY Ja.

CHUCK Und das Geld ist auch nicht zu verachten!

GILBERT Wird 'n bißchen hart, mit weniger auszukommen ... j e t z t .

PERRY Ich kann Martin nicht von der Schule nehmen ... in diesem St a d i u m ...

GILBERT Ich Jeremy genausowenig. Und Jennifers Pony? Ich zahl' mich dumm und dämlich für die Pflege in dem verdammten Stall, aber ich darf's nicht verkaufen ... sie brächte mich u m .

CHUCK *ziemlich grimmig* Möcht irgend jemand einen fast bezahlten Aston-Martin kaufen?

PERRY Das ist ja der Haken: wir haben uns alle engagiert. Wir können nicht einfach ... aufhören.

GILBERT Und, ganz unter uns, ich geb' gern zu, daß Louise und ich in letzter Zeit viel besser miteinander auskommen.

PERRY Cyn und ich auch. Wir haben uns meistens über Geld gestritten.

CHUCK Ja.

FRAU TOOTHE *zu* Richard. Wird Ihnen jetzt nicht manches klar?

RICHARD *immer noch ziemlich empfindungslos* O doch, vollkommen klar.

FRAU TOOTHE *hört die Frauen im Garten reden* Hören Sie sich an, wie die Mädchen drauflosschnattern.

PERRY *lächelt* Ja.

FRAU TOOTHE Wollen wir nun zum Geschäft übergehen?

GILBERT Sehr richtig! Richard? Übernimmst du den Vorsitz?

RICHARD *in einem Dunst* Übernehm' ich was?

GILBERT Den Vorsitz. Wir machen eine Sitzung, wie sich's für Geschäftsleute gehört.

CHUCK *mischt sich ein* Vorwärts. Es ist sowieso dein Stuhl.

GILBERT Wer ist für Richard?

CHUCK Ich.

PERRY Schließe mich an.

GILBERT Einstimmig angenommen.

CHUCK Eröffne die Sitzung, Richard.

RICHARD *kurzes Zögern, dann* Die Sitzung ist eröffnet. *Pause.* Also?

PERRY Herr Vorsitzender, unsere Firma verfügt über eine Liegenschaft, die Frau Toothes Bedürfnissen und unseren vollauf genügen dürfte.

GILBERT Nicht h i e r?

PERRY Nein. Zwei Haltestellen weiter. Großes Haus, und ziemlich billig. Vom Bahnhof in ein paar Minuten zu Fuß zu erreichen.

FRAU TOOTHE Klingt sehr gut. Wieviel Zimmer?

RICHARD Wieviel Schlafzimmer, meinen Sie, nicht wahr?

FRAU TOOTHE Wollen Sie wohl still sein! *Wieder in normalem Ton.* Wenn der Preis annehmbar ist ...

PERRY Sechsunddreißig.

FRAU TOOTHE Achtundzwanzig. Ja, das könnte gehen. Ich will es mir morgen ansehen. Ich möchte nicht, daß eine allzu große Lücke entsteht ... *Lächelt* ... in unserem Kundendienst. *Richard schnaubt.* Passen Sie auf: Ich habe Zeit und Geld und Arbeitskraft geopfert, um dieses Unternehmen aufzubauen und eine erstklassige Kundschaft anzu ...

RICHARD *gemurmelt* Gut, gut, gut ...

FRAU TOOTHE Also? Noch irgendwelche Fragen?

CHUCK *befriedigt* Nein. Ausgezeichnet.

GILBERT Scheint in Ordnung.

FRAU TOOTHE *zu* Richard, *nicht allzu freundlich* Sie?

RICHARD *wieder ein Versuch zu beißendem Spott* Ach, einige.

FRAU TOOTHE *ungeduldig, aber nicht drängend* Dann lassen Sie hören.

CHUCK *zurechtweisend* Ach, Dick ...

RICHARD Macht es denn keinem von euch Kopfzerbrechen ... – Herrgott, jedermann wird es erfahren! Innerhalb von zwei Wochen wird es im ganzen ... – Stört das keinen von euch?

FRAU TOOTHE Wir inserieren nicht im Lokal-Anzeiger.

RICHARD Es gibt sowas wie Flüsterpropaganda.

FRAU TOOTHE Ihre Frauen merken es, wenn Gefahr im Verzug ist. Glauben Sie mir ... ich weiß, was ich tue.

RICHARD Es gibt sowas wie Nestbeschmutzer, nicht?

GIBERT Ziemlich widerwärtig, sowas zu sagen.

RICHARD Wahr.

GILBERT Sonst noch was?

CHUCK *überlegend* Nein ...

PERRY Nein ...

RICHARD *beißender Spott* Ja, dann ... erkläre ich die Sitzung für geschlossen.

FRAU TOOTHE Da ist noch eines ...

GILBERT Hm?

PERRY Und das wäre?

FRAU TOOTHE Es ist wichtig, daß Sie ganz normal weiterleben. Sie sollten über dies alles nicht mehr reden. Ich meine, nicht einmal untereinander.

GILBERT Wir sollten es vergessen, meinen Sie.

PERRY Ja. Wir sollten es vergessen.

CHUCK Sehr richtig.

RICHARD *kurzes, zitterndes Lachen, das Wut verrät* Ich weiß nur nicht, wie wir das fertigbringen . . .: einfach vergessen.

FRAU TOOTHE *weiser Rat* Oh, doch, Sie bringen es fertig. Man kann vergessen. Wenn einen im Leben etwas stört, nicht in den Kram paßt, kann man vergessen. Es gibt schließlich Dinge, die man vergessen m u ß , wenn einem etwas am Leben liegt.

RICHARD Ja, aber . . .

FRAU TOOTHE Aber Sie wissen das ja alle. Sie sind Männer aus guter Familie, mit guter Erziehung. Sie sind keine Dummköpfe.

CHUCK Nein, natürlich nicht.

PERRY Sehr richtig.

FRAU TOOTHE *steht auf, geht auf den Garten zu* Ich glaube, ich sammle jetzt meine Damen ein.

Bleibt stehen, zu Richard: Noch eines sollten Sie sich vor Augen halten – vielleicht fällt Ihnen das Vergessen dann leichter – nein, zwei Dinge: Wir tun niemandem etwas zuleide . . .

RICHARD Und das Zweite?

FRAU TOOTHE Es besteht kaum die Gefahr, daß sich Ihre Frau hinter Ihrem Rücken einen Liebhaber nimmt.

Sie geht ab.

GILBERT *nach einer kleinen Pause* Ja . . . dann ist also alles abgemacht.

CHUCK *geht zur Bar* Wollen wir drauf trinken?

PERRY *erhebt sein Glas* Ja. Auf unser Wohl.

GILBERT Unser Wohl. *Bemerkt, daß* Richard *nur sein Glas betrachtet.* Richard? Auf uns? Auf uns alle?

RICHARD *Pause, selbstmißbilligendes kurzes Lachen, erhebt sein Glas* Ja, gewiß. Auf uns.

GILBERT *älterer Bruder* Es wird schon alles gut, mein Junge, ganz bestimmt.

CHUCK *und* PERRY *leise* Prost.

RICHARD *kleiner Junge, der etwas verloren hat* Prost.

Die Damen kommen langsam wieder zurück.

BERYL Nach meinen Erfahrungen ist es ziemlich aussichtslos, hier Azaleen pflanzen zu wollen, und ich begreife nicht warum.

JENNY Das liegt an der kalkhaltigen Erde, glaube ich, aber da läßt sich was dagegen machen.

BERYL Ja, du und deine goldenen Hände.

FRAU TOOTHE Und wer wird sich um m e i n e n Garten kümmern? Bekommt man hier in der Gegend Leute?

CHUCK O ja, sehr gute ... aber teuer.

FRAU TOOTHE Ach, dafür wird es schon reichen ... wenn alles nach Wunsch geht. Jenny, meine Liebe, dürfte ich mal telefonieren?

JENNY Selbstverständlich. Ich zeig Ihnen, wo's ist.

Jenny *und* Frau Toothe *gehen ab.*

BERYL Wir Damen könnten eigentlich alle noch was trinken, bevor wir gehen. Es ist doch alles abgemacht, nehme ich an?

CHUCK *geht zur Bar* Ich mach' die Honneurs. Ja, alles in Ordnung.

PERRY Idealer Rahmen.

LOUISE Fein.

CYNTHIA Ich könnte nicht glücklicher sein.

BERYL Richard, niemand trinkt deinen Champagner, es ist eine Schande. Aber ich nehm' von deinem Kaviar ... mit Knäcke, wenn's sein muß.

RICHARD *beabsichtigter Spott* Der Champagner hält sich. So Gott will, heben wir mit ihm Frau Toothes neues Haus aus der Taufe.

Allgemeines Gelächter als Antwort. Der Spott bleibt unbemerkt.

CYNTHIA *kichert* Aber Richard, wirklich!

Jenny *kommt zurück.*

JENNY Was hab' ich verpaßt?

LOUISE *ihr Lachen ebbt ab* Ach, nichts. Richard hat etwas Komisches gesagt.

JENNY *erleichtert* Oh. Wie nett.

Roger *und* Jack *erscheinen in der Tür zum Garten. Obwohl* Jack *schon ziemlich betrunken ist, übertreibt er noch.*

JACK 'n Abend! 'Aabeend! Der Aufdringling ist da! Sagt dem Aufdringling schön guten Abend, sagt dem Aufdringling guten Abend. Sagt schönen guten Abend!

Sie drehen sich alle um, schauen Jack *an. Sie bleiben alle völlig stumm.*

ROGER *gibt* Perry *den Tabak* Hier ist Ihr Tabak. Hoffentlich ist's der richtige.

JACK Klein-Roger fand mich beim Klub, nein, eigentlich im ... i m Klub, a n der Bar.

BERYL *kühl* Das ist unverkennbar.

JACK Aaacchhh, wahrhaftig, Beryl?! *Wieder zu allen.* Unnnddd ... da hab ich Freund-Roger gefragt, ob's bei euch lustig sei, und er hat's mir gesagt, und ich hab' mir gedacht, ich komm' trotzdem. Und da bin ich, und alle meine alten Freunde, und ist es nicht wunderbar.

JENNY *unbehaglich* Ich ... ich hab' gemeint, du hast ein Spiel, oder was weiß ich.

JACK Puffspiel mit'm alten Digby ... aber der alte Digby ist gestorben, jawohl. Farnum hat auf dem alten Massagetisch an ihm 'rumgeknetet, hörte auf, gab ihm einen freundlichen Klaps auf'n Arsch und sagte: »Das wär's bitte, Herr Digby«; aber der blieb einfach liegen. Starb auf einem Eisengestellt in der Horizontalen, was genauso prima ist wie irgend 'ne andere Todesart. Gibst du Wodka aus, Richard? Oder hast du ihn versteckt!

PERRY *da* Jack *auf die Bar zugeht* Sei vorsichtig mit dem Wodka, Jack.

JACK *eine Herausforderung* Dein Haus? Dein Wodka?

PERRY Nein, aber trotzdem ...

JACK Sag' dir was, Perry, mein Freund und Kupferstecher: Wenn du nächstens sowas wie ein Gartenfest gibst, und ich erschein' ungebetenerweise – was für mich bei euch die einzige Möglichkeit ist, wenn's nach meiner Freundin Cyn geht, nicht, Liebchen? – dann... werd' ich mit dem Wodka vorsichtig sein. Abgemacht?

LOUISE Bringst du ... bringst du noch andere reizende Neuigkeiten aus dem Klub, mein lieber Jack?

JACK Andere als der arme alte Digby? Jaaahhh ... Ach, ja! Sie haben Harry Bern an die Luft gesetzt.

GILBERT An die Luft gesetzt? Wieso?

JACK In seiner Vergangenheit 'rumgewühlt – hat irgend jemand ... und rausgefunden, daß es eine Abkürzung von Bernstein ist. Haben ihn aufgefordert, zu gehen.

CHUCK *ungläubig, aber nicht erzürnt* Nicht möglich.

JACK Wirklich, wirklich.

LOUISE *zu* Beryl. Ist Monica Bern Jüdin?

BERYL Na ja, ich nehme es an.

LOUISE *einigermaßen erstaunt* Hätte ich nie gedacht.

CYNTHIA Sie hat sich nie was anmerken lassen.

LOUISE Stell dir vor!

JACK Du lieber Himmel, man könnt ja meinen, sie sei eine ganz gewöhnliche Hur, oder was weiß ich.

Kurze Stille.

BERYL *kalt* Eine was?

JACK *wackelt mit dem Kopf* Ein Hürchen.

Noch eine kurze Stille.

CYNTHIA Ich könnte nicht sagen, daß Harry und Monica aussehn wie ...

LOUISE Nein, nein, tun sie nicht ...

BERYL Komisch, daß man's trotzdem irgendwie spürt ...

JACK Wenn man's mal weiß, meinst du?

PERRY *ein wenig zusammenzuckend* Sie haben ihn aus dem Klub rausgeschmissen?

ROGER Gibt Leute, die sagen, wir seien alle Juden.

JENNY *nicht erzürnt, erschrocken* Was?

ROGER Die zehn verlorenen Stämme.

GILBERT Gibt Leute, die sagen, was sie wollen.

ROGER Und ziemlich viele von uns sind beschnitten.

Schweigen; nur Jack lacht leise.

RICHARD *kurz, kalt* Geh in dein Zimmer.

ROGER Was?

RICHARD Geh in dein Zimmer!

ROGER Warum?

JENNY Er hat sich nichts dabei gedacht.

ROGER Was hab' ich denn gesagt?

RICHARD Ich hab' dir gesagt: geh in dein Zimmer!

ROGER *er wehrt sich* Ich will wissen, was ich Falsches gesagt hab'!

RICHARD *kommt sich lächerlich vor, was ihn aber nur weitertreibt* Untersteh dich, m i r zu widersprechen!!

ROGER Das ist ungerecht! Du sagst viel schlimmere Dinge!

RICHARD Ich bin dein Vater, und ich sage dir, geh in dein Zimmer. Du paßt nicht in die Gesellschaft anständiger Menschen.

JACK *lachend, aber ernst* Ach, laß doch, Richard!

RICHARD *zu* Jack: HALT DEN MUND! Dies ist mein Haus und mein Sohn! I c h sag ihm, was er zu tun hat! *Zu* Roger. Geh!

ROGER *flehende Bitte an die anderen* Aber es kommt in der Bibel immer wieder vor.

RICHARD Die Zehn Gebote auch. Kennst du die Zehn Gebote?

ROGER Ja.

RICHARD Sag sie auf.

ROGER Jetzt?

JENNY Liebling . . .

RICHARD *wirbelt zu ihr herum* Laß mir wenigstens etwas! *Zu* Roger. Jetzt!

ROGER Du sollst nicht töten.

RICHARD Das ist eins. Weiter.

ROGER *schaut* Jenny *hilfesuchend an, aber es kommt nichts von ihr* Du sollst nicht . . . *Stockt.*

RICHARD *zu allen* Da haben wir's! Auch noch ein Lügner. Geh rauf in dein Zimmer.

Roger *steht still, gibt auf, dreht sich um und setzt sich kopfschüttelnd in Bewegung.*

JACK Das arme Schwein hat ja nichts gesagt.

RICHARD *folgt Roger* Gehst du jetzt in dein Zimmer, oder muß i c h dich raufbringen?

JENNY *zu Richard* Liebling, laß ihn . . . er soll raus, was weiß ich. Er soll in den Klub gehn. Wenn er nur . . . *zwischen den Zähnen* . . . hier rauskommt.

RICHARD *seufzt* Ach . . . also gut. *Geht ab und ruft hinter Roger her* Roger? Roger?

BERYL Sie brauchen Disziplin.

GILBERT Eine Tracht Prügel mit Vaters Gürtel hat einem Jungen noch nie was geschadet.

PERRY Meiner hatte eine Reitpeitsche.

GILBERT Und du hast es ihm nie nachgetragen, oder?

PERRY *kann sich nicht erinnern* Ich . . . ich glaube nicht.

JACK Wie unmenschlich ihr heute seid. Unmenschlich . . . und seltsam. Vollkommen verlegen . . . – und bissig. Hab' ich euch bei irgendwas ertappt?

BERYL Wie meinst du das?!

JACK *zu den Zuschauern* Ist hier irgend etwas los?

CHUCK Trink noch was, Jack.

JENNY Ja! Trinken wir alle noch was! Perry?

Allgemeine Zustimmung und Bewegung.

JACK *packt* Jenny *am Arm, als sie an ihm vorbeigeht* Jenny, mein Schatz! Warum haßt ihr mich alle? Warum wollt ihr mich alle besoffen machen?

JENNY *künstlich, kleines Lachen* Jack!

JACK Was ist hier los, Jenny?

JENNY *lügt offensichtlich* Nichts, Jack. Überhaupt nichts.

JACK Liebst du mich noch, Jenny?

JENNY *tröstet den kleinen Jungen* Ja, Jack. Natürlich.

Richard *tritt wieder auf.*

JACK Ah! Gott sei Dank! *Steht auf* Kuß zur Versöhnung. *Er küßt sie.*

RICHARD Ich hab' ihn weggeschickt, um ... – Was fällt dir denn ein?!

JACK Ich küsse deine schöne Frau.

RICHARD Laß das bleiben.

JACK Bereits geschehn.

RICHARD Ich hab' für so'n Benehmen nichts übrig.

JACK Ach, hör doch auf, Richard. Kann doch jedem mal passieren. Ist Jenny noch nie geküßt worden?

RICHARD Du hast sie nicht zu küssen!

JACK Was i s t heute abend mit euch allen los?

BERYL N i c h t s ist mit uns los.

JACK Etwas ist hier ... oberfaul.

Frau Toothe *tritt wieder auf.*

FRAU TOOTHE Nun, meine lieben Kinder, meine Kinderschar, ich habe die notwendigen Anrufe gemacht, und ich denke, wir ... *Erblickt Jack.* Ach. *Ihre Augen wandern schnell von einem zum andern.* Ich, äh ... ich glaube, wir kennen uns.

JENNY *eilt zu Hilfe* Jack, du erinnerst dich doch an Frau Toothe. Du hast sie ... ach, vor sechs-sieben Monaten kennengelernt, und ...

JACK *starrt* Frau Toothe *an* Ja. Deine gute Fee.

FRAU TOOTHE *zu* Jack, *ganz natürlich* Wie nett, Sie wiederzusehen.

JACK Wie nett, S i e wiederzusehen. *Wendet sich ab; überlegt.*

FRAU TOOTHE *zu den anderen* Ich glaube, ich müßte jetzt gehen. Es war reizend, Sie alle kennenzulernen ...

JACK *plötzlich fällt es ihm ein* Jawohl! *Er dreht sich um; ein faszinierendes Lächeln.* Sie sind Engländerin, nicht?

FRAU TOOTHE *gelassen, natürlich* Britin, ja.

JACK Und Sie haben in London gelebt ... vor ... vor einigen Jahren?

FRAU TOOTHE *ausweichend* Ja, ich ... nun, ich h a b e in London gelebt, aber ...

JACK *hochzufrieden* Natürlich erinnere ich mich an Sie, teure Dame. Bei Gott, wenn ich nüchtern wäre, würde ich zweifeln. *Lacht überschwenglich.* Oh, ja! Und ob ich mich erinnere!

FRAU TOOTHE *spielt es durch* Sie müssen sich irren. Ich vergesse Gesichter nie, und . . .

JACK Gute Dame, ich erinnere mich genau an Sie, ich erinnere mich an Ihre . . . *ein neuer Lachanfall* . . . Damen, ich . . . *Schaut sich im Zimmer um, erblickt die verlegenen Gesichter in der Falle und bricht in erneutes Gelächter aus.* Oh, nein! Nein! Sagt, es sei nicht wahr! Doch! Es ist wahr! *Noch mehr Gelächter.*

BERYL Ich weiß nicht, was in deinem Kopf vorgeht, Jack, aber ich fürchte, du hast ein bißchen zuviel getrunken und . . .

JACK Haben Madame sich eine neue Damenriege zusammengestellt? *Lacht, während er redet.* Sind wir jetzt in den Außenbezirken tätig? *Spöttisches Mitleid, Gelächter.* Ach, meine arme Beryl! Liebe Cynthia! Stolze Louise! *Sein Blick fällt auf* Jenny, *sein Ton geht in Enttäuschung und Neugier auf künftige Möglichkeiten über.* Und, ach, meine liebste Jenny!

RICHARD Laß sie in Ruhe!

JACK Und das ganze . . . das ganze herumliegende Geld auf dem . . . *Bricht erneut in Gelächter aus.* . . . »Irgend jemand hat es uns per Post geschickt«? *Gelächter.* Meine Herren . . . ich weiß nicht, wer das alles organisiert hat . . . aber wenn ihr Kerle das fertiggebracht habt, dann seid ihr bessere Geschäftsleute, als ich je gedacht habe. *Lacht und geht auf die Verandatür zu.*

FRAU TOOTHE *Augen verengen sich* Halten Sie ihn auf!

PERRY Wo willst du hin?

JACK *lacht immer noch* Hm?

PERRY Ich hab' gefragt, wo du hinwillst?

JACK Ach, ich dachte, ich geh' in den Klub zu . . . *Bricht wieder in Gelächter aus.*

FRAU TOOTHE Er wird reden. *Das war ein Befehl.*

JENNY Ja, das wird er.

FRAU TOOTHE *noch deutlicher als zuvor.* Er wird reden.

Perry *packt* Jack *am Arm,* Chuck *stellt sich vor ihm auf und versperrt ihm den Weg.*

PERRY Augenblick, lieber Freund.

CHUCK Sachte.

JACK *Angst und Zorn steigen hoch* Laß ... laß mich los. Himmelherrgott, laß mich ...

Er fängt an, sich zu wehren. Richard *und* Gilbert *kommen* Perry *und* Chuck *zu Hilfe.*

GILBERT Laßt ihn nicht los!

Sie gehen auf ihn los, zurückhaltend zuerst, aber je mehr Jack *sich wehrt, desto entschlossener werfen sie sich auf ihn.*

JACK Laßt mich ... Nehmt die Pfoten weg ... Laßt ...! ... mich! Himmelherrgott ..! ... Laßt ...! Mich ..!

Sie haben ihn untergekriegt, sind auf ihm.

PERRY Haltet ihn! Haltet ihn fest!

JACK *wirklich schreiend* HÖRT AUF! HÖRT AUF!

FRAU TOOTHE *steht auf, aber nicht hastig; ein Kommandant* Er ist betrunken, er wird reden. Sie müssen ihn zum Schweigen bringen.

Jack *fährt fort, sich zu wehren, beißt* Chuck *in die Hand.*

CHUCK *mit einer wütenden Reflexbewegung schlägt er* Jack *mit dem Handrücken quer übers Gesicht* Hol dich der Teufel!

Richard *reißt ein Kissen vom Sofa und, zusammen, zu zweit oder zu dritt, drücken sie es auf* Jacks *Gesicht. Seine Schreie werden dumpfer, während sie das Kissen mit steifen Armen auf sein Gesicht pressen. Schließlich tritt Stille ein. Die Männer entspannen ein wenig, erheben sich langsam aus der knienden Stellung, lösen sich etwas und betrachten* Jacks *hingestreckte, reglose Gestalt. Sie schaffen sich ein wenig Bewegung.*

GILBERT Der ist hinüber.

RICHARD *grimmiges Lachen* Bis auf weiteres.

FRAU TOOTHE *geht zu* Jack, *beugt sich über ihn, untersucht ihn kurz, richtet sich wieder auf* Nein. Nicht bis auf weiteres. *Will zu ihrem Stuhl zurückgehen.*

JENNY *mitleidig, geht auf* Jack *zu* Jack?

FRAU TOOTHE *grausam, beiläufig, aber ernst* Geben Sie sich keine Mühe. Er ist tot.

GILBERT *aufgebracht* Was heißt: er ist tot?!

FRAU TOOTHE Überzeugen Sie sich s e l b s t. Er ist t o t.

GILBERT *überzeugt sich selber* Ja. Es stimmt. Er ist tot.

Jenny und Cynthia beginnen leise zu weinen. Louise wendet sich ab. Die Männer schauen sich an.

BERYL *endgültig; von einem Krampfzustand befallen* Ja.

CHUCK Ich ... ich glaube nicht, daß wir das getan haben, er ... – Wir haben das nicht getan.

GILBERT Nein, wir haben nur ...

PERRY Es muß ein Herzschlag gewesen ...

JENNY *geht zu ihm* Oh, mein armer liebster Jack ...

RICHARD Geh nicht in seine Nähe, Jenny.

CHUCK Was ... was sollen wir tun?

LOUISE *sie befiehlt* Er k a n n nicht tot sein. Das gibt es nicht.

CYNTHIA Er hätte geredet! Wir wären zum Stadtgespräch geworden.

JENNY *verteidigt Jack* Wer sagt das?!

BERYL D u , zum Beispiel.

JENNY *wütend und den Tränen nahe* Das ist nicht wahr! Ich habe gesagt ...

FRAU TOOTHE *ruhig* Sie haben gesagt, er würde reden. Sie haben mir zugestimmt.

GILBERT Niemand wollte ihn umbringen ...

PERRY Nein, es war ...

RICHARD *grimmig* Ich glaube, ich ruf' am besten die Polizei, hm?

CHUCK *nickend* Ja, ja, sicher ...

GILBERT Ja, es ist das beste.

FRAU TOOTHE *ruhig, beeindruckend* Glauben Sie?

RICHARD *angeekelt* Was?

FRAU TOOTHE Glauben Sie, es ist das beste, die Polizei zu rufen?

RICHARD Da liegt ein T o t e r !

FRAU TOOTHE Ich weiß, ich habe Augen. Aber was wollen Sie erzählen? Der Polizei?

RICHARD Ich werde ... ich werde erzählen ... daß wir ... eine Einladung gaben, und ... und daß Jack kam ... daß er betrunken war, und ...

FRAU TOOTHE Und daß er daran erstickte?

RICHARD *wütend* N e i n ! Daß er betrunken war!

BERYL ... und unaufhörlich weitertrank ...

GILBERT ... und einen Herzschlag bekam.

Pause. Sie schauen Frau Toothe *an.*

CHUCK Nein?

FRAU TOOTHE Sie können die Polizei rufen, wenn Sie wollen. Aber lassen Sie mich erst gehen. Ich möchte nicht zur Liste der Anwesenden gehören, wenn bei der Autopsie die Quetschungen festgestellt werden und die Lungenblutung. Wenn Menschen auf diese Weise umgebracht werden, wissen Sie, dann ist die Folge davon ein Lungenriß.

Stille.

GILBERT Ach.

Stille.

PERRY Ich verstehe.

Stille.

BERYL Dieses Risiko können wir nicht auf uns nehmen, nicht?

Stille. Jenny *weint leise.*

LOUISE *langsam* Nein, das können wir nicht.

RICHARD *ruhig, voller Abscheu* Was schlagen Sie uns also vor?

Alle, außer Jenny, *schauen* Frau Toothe *an.*

FRAU TOOTHE *zu* Richard. Ich weiß, Sie halten mich für ein Ungeheuer ... deshalb spielt es auch keine Rolle, wenn ich Ihnen jetzt eine Frage stelle.

RICHARD *abwartend* Ja?

FRAU TOOTHE Zu welchem ... zu welchem Zweck haben Sie an Ihrer Backsteinmauer diesen tiefen Graben ausgehoben?

Stille.

RICHARD *ruhige Antwort, viel darunter* Ich habe die Leitung der Senkgrube gesucht.

FRAU TOOTHE Haben Sie sie gefunden?

RICHARD *starrt sie immer noch an* Nein.

FRAU TOOTHE *nach einer Pause* Ja dann: Begraben Sie ihn.

Stille. Die Gäste schauen sich gegenseitig an, ruhig, sondierend.

RICHARD *langsam* Das kann nicht Ihr Ernst sein.

FRAU TOOTHE *zu allen Männern* Vorwärts. Begraben Sie ihn.

RICHARD *lächelt leicht* Nein.

FRAU TOOTHE Gut denn: Rufen Sie die Polizei.

Stille. Die Männer schauen sich an, langsam, unverwandt. Dann, als ob alles arrangiert worden wäre, gehen sie langsam an die Arbeit. Sie gehen zu Jack, *fassen ihn an den*

Beinen, Armen, unter dem Kopf, und tragen ihn in den Garten hinaus, verschwinden aus unserem Blickfeld.

JENNY *nach ihrem Abgang, steht auf, läuft hinter ihnen her* Jack! Richard!

FRAU TOOTHE Jenny! Kommen Sie her!

Beryl und Louise gehen zu Jenny, die jetzt hilflos leise weint, und führen sie zart zur Gruppe zurück. Sie setzen sich alle.

JENNY Sie ... — sie dürfen das einfach nicht.

FRAU TOOTHE Still, meine Liebe. Still.

Dies ist eine Totenwache, und die Damen tragen Kummer im Gesicht.

LOUISE *aufrichtig, hilflos* Armer Jack.

BERYL Ja: armer Jack.

LOUISE Wenigstens ist es ... keiner von uns. Ich meine, jemand ... na ja ... mit Familie, jemand ... der zählt.

Jenny *ist auf leise Weise hysterisch.*

FRAU TOOTHE Sie können sich mit dem Tod nicht abfinden, nicht wahr, Jenny?

Jenny *schüttelt den Kopf.*

Ich muß leider sagen, daß man sich an ihn gewöhnt!

JENNY Nie-niemals!

FRAU TOOTHE Sie hätten während des Krieges in London sein sollen. Sie hätten den Tod erlebt ... und die Gewalt ... Jene Nächte in den Luftschutzkellern, und der Tod rings umher. Tod und Sterben. Entscheiden Sie sich immer für das erstere, wenn Sie können.

LOUISE *nickt über die traurige Wahrheit* Ja.

FRAU TOOTHE Ihr müßt euren Männern helfen. Ihr werdet nicht umhin können ... eine Zeitlang. Vielleicht werden sie nachts erwachen, schwitzend ... vielleicht werden sie ... den Mut sinken lassen. Ihr werdet die Starken sein müssen ... wie üblich.

BERYL Ja.

FRAU TOOTHE Ich würde nicht versuchen, sie zu zwingen, weiterzuleben, als wäre nichts geschehen. Denn es i s t etwas geschehen ... sehr viel sogar. Eines der Dinge, das unfehlbar geschieht ... eines der Zugeständnisse, die gemacht werden müssen. Verstehen Sie, Jenny?

JENNY Ich weiß nicht.

FRAU TOOTHE *gütig, sanft* Man kann nicht zurück. Man muß sich mit dem, was ist, abfinden. Und »was ist« führt zu »was sein wird«. Man tut am besten, wenn man vorwärtsschreitet. Wie unser Aussehen, wenn wir altern – was wir tun ... oder werden. Und viele von uns lassen sich dann die Runzeln wegoperieren, nehme ich an, und wir überzeugen ... manche Leute – nicht so viele wie wir möchten – ... doch wir selber glauben nicht daran, nicht wahr, Jenny?

JENNY *ein kleines Mädchen in der Schulstunde* Ich denke nicht. Nein.

FRAU TOOTHE Nein. Wir tun, was heilsam ist, mehr können wir nicht.

JENNY *belehrt* Ja.

Die Männer kommen zurück, niedergeschlagen, Anzüge ein wenig in Unordnung, Hände schmutzig.

GILBERT Alles erledigt.

PERRY Fertig.

CHUCK Man würde nie drauf kommen.

RICHARD ... außer man ahnt was ...

CHUCK Außer man weiß was.

RICHARD Ja.

Geht zu Jenny; *tatsächlich fühlen sich alle Männer zu ihren Frauen hingezogen.*

CYNTHIA *nett* Möchte jemand was trinken? Liebling?

PERRY Nein. Nein, danke.

LOUISE Liebling?

GILBERT Ja. Einen schnellen.

RICHARD *zu* Jenny, *tröstend* Geht's dir gut?

JENNY *tapferes Lächeln* 'türlich. Dir?

RICHARD *leer* Entsprechend.

FRAU TOOTHE So. Sie haben Ihre Sache insgesamt sehr gut gemacht. Ich glaube, es ist Zeit, daß ich gehe.

BERYL Ja, wir sollten alle gehn.

GILBERT Ja. Wann kommen Don und Betty rüber?

LOUISE Oh, mein Gott! Um acht. Du hast recht, wir müssen ...

CHUCK Dein Mann hat Hunger.

BERYL Na gut, dann füttere ich dich.

FRAU TOOTHE *zu Perry* Ich rufe Sie morgen an und komme mir das Haus ansehen?

PERRY Ja. Fein.

RICHARD Geht ihr alle . . . einfach weg?

CHUCK *»was sonst«* Ja, ich glaube, wir müssen.

PERRY Wir können ja weiter nichts tun, oder?

RICHARD *ruhig, eindringlich* Da draußen ist eine Leiche. Jack.

GILBERT Es ist alles in Ordnung, Richard.

PERRY Wirklich, Richard, alles bestens.

BERYL Ja, wirklich.

FRAU TOOTHE Geht nach Hause, Kinder, es ist alles in Ordnung.

CHUCK Ja, ich weiß nicht, was wir sonst noch tun könnten.

LOUISE Ja. Don und Betty kommen zu uns.

CYNTHIA Meinst du Don und Betty Grainger?

LOUISE Ja.

PERRY Harry Bern geht mir nicht aus dem Kopf.

GILBERT Harry Bernstein, meinst du.

Die Gäste sind gegangen.

FRAU TOOTHE *zu Jenny und Richard* Es wird Gras drüber wachsen. Der Boden wird fruchtbar sein und bald wird – zum guten Ende – alles im Garten . . . wieder sein, wie es war. Sie werden schon sehen.

Frau Toothe *geht ab.* Richard *und* Jenny *folgen ihr fast reflexartig, um sie zur Haustür zu bringen. Die Bühne bleibt eine Weile leer.*

Jack *tritt aus dem Garten auf, Anzug schmutzig, Gras im Haar.*

JACK *er wird von jetzt an nur zum Publikum sprechen, auch wenn* Richard *und* Jenny *wieder zurück sein werden; selbstverständlich werden sie von ihm auch keine Notiz nehmen* Freuen Sie sich bitte nicht zu früh. Ich bin tot, glauben Sie mir. Ich bin tot. Es ist erstaunlich, wie nüchtern man vom Sterben wird. Ja . . . so hab' ich's mir ganz bestimmt nie vorgestellt – auf diese Weise; ich hätte mir denken können, daß ich im Klub sanft vom Barhocker rutsche . . . oder eines Nachts in einer Kurve in einen Lastwagen krache, aber das: nie. Was beweist, daß man's nie wissen kann. Gott! Ist es zu glauben? Frau Toothe, und Beryl und Cynthia und Louise? Und die arme Jenny?

Hätte ich nie geglaubt; aber ich bin ja auch ziemlich eigensüchtig – ich-bezogen. War. Daran muß ich mich erst gewöhnen: Vergangenheitsform. Die Armen,

Jenny und Richard. Sie sind die einzigen, die mir leid tun – die Schuld, und alles, was damit zusammenhängt. Die alte Madame, die findet sich allein zurecht, und die andern ... was geht's mich an? Aber Jenny und Richard, das ist etwas anderes. Ich mach' mir Sorgen um sie.

Jenny *und* Richard *treten wieder auf, langsam in ihren Bewegungen.* Jack *hält den Zeigefinger an die Lippen, um das Publikum zum Schweigen aufzufordern, ob notwendig oder nicht.*

JENNY *furchtsam* So.

RICHARD *ausgeleert* Ja.

JENNY *versucht Konversation zu machen* Wo hast du Roger hingeschickt?

RICHARD In den Klub. Schwimmen.

JENNY *aufrichtig* Das war nett von dir.

RICHARD Blödsinnig, es an ihm auszulassen.

JENNY Ja. *Pause.* Ich glaube, wir räumen am besten gleich auf – die ganzen Gläser und alles.

RICHARD Ja, gut.

JACK *beobachtet die beiden einen Augenblick; zurück zum Publikum* Da haben Sie die beißende Ironie.

JENNY *fällt ihr ein* Wir dürfen ... nichts sagen.

RICHARD Was wird jetzt passieren? Bleibt er einfach ... verschwunden?

JENNY Ja. Wahrscheinlich.

RICHARD Roger hat ihn hergebracht.

JENNY Ja. Aber wir werden sagen, Jack sei nur kurz geblieben und wieder gegangen.

RICHARD Wird man Fragen stellen?

JENNY Irgend jemand sicher. Irgend jemand auf jeden Fall – Versicherungsleute, irgend jemand.

RICHARD Wir müssen uns eine Geschichte ausdenken.

JENNY Ja. Ich werd' mit den andern reden.

RICHARD Gut.

JENNY *sehr aufrichtig, so viel erklärend* Liebling ... ich liebe dich sehr.

RICHARD *scheu* Ja. Und ich liebe dich.

JACK Die Ironie. Ich wollte Ihnen die Ironie erklären. Erinnern Sie sich, daß ich sagte, ich hätte mein Testament umgeschrieben und alles Richard und Jenny vermacht? Ja, das stimmte, es war kein Scherz. Dreieinhalb Millionen, jeden Heller, und mein Haus h i e r . . . u n d das in Nassau. Es gehört alles ihnen.

JENNY Komm, wir stellen die Gläser auf das Tablett hier.

JACK Die Schwierigkeit ist jetzt: sie werden warten müssen. Wenn ich mich einfach in Luft aufgelöst habe . . . von der Erdoberfläche verschwunden bin, dauert es sieben Jahre, bis ich offiziell tot erklärt werden kann. Und es wird natürlich ein Ermittlungsverfahren geben, darauf können Sie sich verlassen. Hoffentlich ist sie hieb- und stichfest – die Geschichte, die sie erzählen. Ich nehme an, ja.

RICHARD Was soll ich mit dem Kaviar machen?

JENNY Gib ihn her. Ich deck' ihn zu und stell' ihn in den Kühlschrank.

JACK Aber sieben Jahre . . . das ist eine sehr lange Zeit. Da kann viel geschehn. Bei alldem, was die treiben, kann ihr Leben in sieben Jahren zerstört sein. Sie müssen mit so vielem leben.

Zu Richard *und* Jenny Ihr müßt stark sein! Ihr müßt durchhalten!

JENNY Liebling?

RICHARD Hmm?

JENNY Ich überlege grade . . . – das Haus, das Frau Toothe kauft . . .

RICHARD Was ist damit?

JENNY Ich finde, da müßte richtig schön gepflanzt werden . . . Blumen und Büsche und alles. Daß es richtig bewohnt aussieht. Es darf nicht vernachlässigt aussehn. Das könnte Verdacht erregen. Sowas fällt auf . . .

RICHARD Ja, das stimmt.

JENNY . . . vernachlässigte Gärten. Wenn Leute ihren Garten vernachlässigen, weiß man, daß im Haus etwas nicht stimmt.

RICHARD Ja.

JENNY Ich finde, er müßte reich an Pflanzen sein und gut betreut werden, gepflegt. Ich finde, er müßte aussehn wie alle andern. Findest du nicht auch?

RICHARD *direkt* Doch. Ich finde, du hast recht.

JACK Nun . . . ich glaube, sie werden es schaffen.

Vorhang

Alles vorbei

Personen

DIE FRAU *zartgliedrig, nicht schwer. Zieht sich gut an, wenn auch konservativ. Wahrscheinlich grauhaarig, 71*

DIE GELIEBTE *kastanienbraune oder dunkelblonde Haare; eine große Schönheit, etwas welkend; üppiger als* Die Frau *vielleicht ein wenig größer. Neigt zu fließenden, pastell*farbenen Kleidern, 61

DER SOHN ein untersetzter Mann; weiche Gesichtszüge, *dunkles Haar, wie ein Geschäftsmann gekleidet, 52*

DIE TOCHTER *ungelenk, einst anziehend, nun etwas verwüstet. Ihre Garderobe ist ihr ziemlich gleichgültig, 45*

DER BESTE FREUND *ein aufrechter, gut aussehender, grauhaariger Mann, leidlich schlank. Gut angezogen, gut gepflegt, 73*

DER ARZT *ein winziger, geschrumpfter, weißhaariger Mann. Muß nicht winzig sein, aber es wäre hübsch, 86*

DIE KRANKENSCHWESTER *eine vierschrötige Frau, grausträhntes, blondes Haar. Trägt Schwesterntracht, 65*

ZWEI FOTOGRAFEN *und*

EIN REPORTER *ihr Aussehen spielt keine Rolle. Mittleren Alters, oder wer immer die männlichen Hauptrollen mitstudiert hat, um einspringen zu können.*

Die Dekoration

Ein getäfeltes Wohn-Schlafzimmer. Das Bett: ein riesiges Himmelbett auf einem erhöhten Podest im Hintergrund; dort stehen auch ein Schrank, vielleicht ein Schreibpult, ein Krankenhausgestell mit Instrumenten und Medikamenten. Im Wohnzimmerteil, in der rechten Bühnenwand, ein enormer offener Kamin und dahinter eine Tür, die in ein Badezimmer führt. In der linken Bühnenwand eine Tür zur Halle. Der Raum ist gediegen und elegant, die Behausung eines Mannes. Die Einrichtung, im ganzen geschmackvoll und behaglich, ist höchstwahrscheinlich englisch. Mehrere Sessel, ein Sofa, Rauchtischchen, Lampen. Ein Wandteppich, Familienportraits aus dem achtzehnten Jahrhundert. Ein orientalischer Teppich.

Die Zeit

Gegenwart

I. Akt

Der Arzt am Bett beim Patienten. Die Krankenschwester am Fußende des Bettes. Die anderen da und dort; die drei Frauen sitzen wahrscheinlich, der Sohn und der beste Freund vielleicht nicht.
Sofern nicht anders vorgeschrieben, sprechen die Personen in einem Konversationston, ohne Bedrückung, eher matt als nicht. Es wird jedoch nicht geflüstert. Die Mattheit drückt keine Langeweile aus, sondern Warten. Im Kamin brennt ein ausgehendes Feuer; es ist warm im Raum.

DIE FRAU *starrt ins Feuer* Ist er tot?

DIE TOCHTER *ein milder Verweis, kein Vorwurf* Ach, Mutter.

DIE GELIEBTE Ich wollte, Sie sagten nicht: ist er tot.

DIE FRAU *zu höflich, kleines Lächeln* Es tut mir l e i d .

DIE GELIEBTE Es ist nicht Ihre Wißbegier, die mich stört; die ist ein eheliches Vorrecht, und ich weiß, es ist nicht Ungeduld. Es ist die F o r m u l i e r u n g . Wir haben einmal darüber gesprochen, ich erinnere mich – er und ich –, wenn auch nicht daran, wie wir darauf kamen, daran erinnere ich mich nicht ... aber warten Sie: Er legte seine Gabel hin, bei irgendeinem Mittagessen, bei m i r zu Hause ... über was hatten wir uns unterhalten? Maeterlinck und jene Plagiatsgeschichte, mir ist, ich entsinne mich, und wir waren damit fertig und beschäftigten uns mit unserem Salat, als er plötzlich zu mir sagte: »Ich möchte, die Leute sagten über andere Leute nicht, sie ›seien‹ tot.« Ich fragte ihn, warum, vor allem, weil ich wissen wollte, was ihn darauf brachte, und er erklärte mir, das Verb ›sein‹ treffe seiner Meinung nach für einen Zustand des ... Nichtseins nicht zu. Man könne nicht ... tot s e i n . Er sagte, sein Einwand sei eine Spitzfindigkeit – die Linguisten würden ihn auslachen –, aber man könne im Sterben sein oder g e storben ... könne jedoch nicht ... tot ... sein.

DIE FRAU *leise belustigt* Maeterlinck?

DIE GELIEBTE *leicht* Ach, das war irgendwann einmal. Verzeihen Sie, daß ich Ihnen widersprochen habe.

DIE FRAU *starrt wieder ins Feuer* Das macht nichts. Lassen Sie mich also umformulieren. *Sie hebt den Kopf und neigt ihn leicht dem Arzt zu* Ist er ... gestorben?

DER ARZT *Pause* Noch nicht.

DIE FRAU *mit leisem Nachdruck* Wird er bald sterben?

DER SOHN *Kraftloser Widerwille* Bitte, Mutter.

DIE FRAU *winziges Lachen* Ich möchte es wissen. Weiter nichts.

DER ARZT Im Vergleich ...

DIE FRAU Mit?

DER ARZT ... mit der Zeit, die es ihn bis jetzt gekostet hat.

DIE TOCHTER Wozu dann die Hetzerei?

DER ARZT Ahnung.

DER BESTE FREUND *Eher Neugier als Vorwurf* Willst du nicht hier sein?

DIE TOCHTER *überlegt sich das zum erstenmal* Ach ... ich weiß nicht.

Die Geliebte lacht milde.

DER BESTE FREUND Man verlangt nicht von dir, es zu wissen. Man verlangt mehr oder weniger von dir, es zu sein ... denke ich: hier. Familie. Ist das nicht Sitte? Wenn ein Mann seine Frau und seine Kinder nicht überlebt hat – nicht überleben wird ... daß sie sich einfinden?

DIE FRAU *zum besten Freund* Und auch sein nächster Freund.

Der beste Freund verbeugt sich leicht und wirft ihr einen Seitenblick zu.

Deutet auf die Geliebte Und sie ... nicht zu vergessen.

DER BESTE FREUND *schlicht, aber freundlich* Und seine ... ganz besondere Freundin auch.

DIE GELIEBTE *lächelt* Ich danke Ihnen.

DER BESTE FREUND Und wir tun es – Sitte –, willkommen oder nicht. Wir warten, bis wir nicht mehr aufgefordert werden können – falls nichts Schriftliches oder Mündliches besagt, es sei unerwünscht – und wir ... finden uns ein, oft sogar, obwohl wir unerwünscht sind.

DIE FRAU Und trifft das zu? Auf deine Juristenart ...

DER BESTE FREUND Nein. Wir sind nicht unerwünscht.

DIE FRAU *zum Arzt* Ahnung? Nichts ... Fachgemäßeres als das? Medizinischeres? Dein Gespür, daß es bald sein wird? Du bist intuitiv, als wärst du eine Frau; oder sind Ärzte damit begnadet? *Zu ihrer Tochter, ein wenig tadelnd* Wir sind nicht von weither gekommen. Gehört es sich, daß wir bei ihm im Zimmer sind –, nicht im Hotel oder unten?

DIE TOCHTER Ich nehme es an. Immerhin haben wir einmal hier gewohnt.

DIE FRAU *zur Tochter* Das war ein anderes Jahrhundert. *Zum Arzt* Ahnung.

DER ARZT Ich kann es dir nicht auf die Minute angeben. Habe ich den Zeitpunkt ihrer Geburt vorausgesagt? *Auf die Tochter bezogen* Die Stunde – oder auch nur den Tag? Oder seine? *Auf den Sohn bezogen.*

DIE GELIEBTE *aufs Thema zurück* Sie haben jedoch A n l a ß . . .

DER ARZT Ja.

Pause.

DIE FRAU *ein wenig, als ob sie zu einem zurückgebliebenen Kind spräche* Und worin b e s t e h t er?

DIE KRANKENSCHWESTER *eher eine Feststellung als ein Vorwurf* Sie sollten ihn im Krankenhaus sterben lassen.

DIE TOCHTER Ja!

DIE FRAU *auf ruhige Weise ungehalten* Angeschlossen?

DIE KRANKENSCHWESTER *achselzuckend* Was auch immer.

DIE GELIEBTE *nachsichtig lächelnd, den Kopf schüttelnd, leicht ironisch* Ja, natürlich, das hätten wir sollen. *Zur Frau* Können Sie sich das vorstellen?

DIE FRAU Kanülen, Drähte. Diese Maschinerie, Leitungen zu und von ihm. Ein Apparat in der Mitte? *Zu allen, allgemein* Das war aus ihm geworden, mit all diesen Kanülen und Drähten: ein Apparat unter vielen. *Zur Geliebten* Unterstützen Sie mich.

DIE GELIEBTE Oh, weit mehr als d a s .

DIE FRAU Eine Stadt aus der Vogelperspektive? Schienenstränge und Straßen? Oder ein Krake; der Leib des Ungeheuers, die Fangarme elektrische Leitungen; Aufzeichnungsgeräte, Modulatoren, Atem-, Herz- und Gehirnwellen, und die Kanülen . . . ! . . . in beiden Armen und in den Nasenlöchern. Wo war er hingekommen?! Inmitten all dieser . . . Apparaturen. Für einen Augenblick dachte ich, e r halte s i e . . . in Gang. Kanülen und Drähte.

DIE KRANKENSCHWESTER Sie erleichtern es, auf dem laufenden zu bleiben, Fragen zu beantworten. *Schüttelt den Kopf* Das ist alles.

DIE GELIEBTE Die Fragen sind jetzt ganz einfach. Eine Stoppuhr genügt, ein Finger am Handgelenk . . .

DIE TOCHTER *ziemlich boshaft* Man will uns weismachen ...
DIE GELIEBTE *versteht keinen Spaß* Er s a g t e ... h i e r.
DIE TOCHTER *nicht gerade freundlich* Wir sind auf Ihr Wort angewiesen.
DIE FRAU *achselzuckend* Wir sind bei a l l e m auf ihr Wort angewiesen.
DIE GELIEBTE *geht nicht darauf ein* Er s a g t e ... h i e r. Wenn es hoffnungslos wird ... nein, hat er das gesagt? Sinnlos! Wenn es sinnlos wird, sagte er ... laß mich hierher zurückbringen. Ich will ein Holzfeuer im Kamin und eine Zimmerdecke, die mir vertraut ist, wissen, wo ich umhergehen würde, wenn ich k ö n n t e. Ich möchte einen Ort verlassen ... den ich gekannt habe. *Anderer Ton. Zur Tochter* Sie sind auf m e i n W o r t angewiesen, ja, einzig und allein auf mein Wort ... für so sehr vieles ... — ob er Sie, zum Beispiel, immer noch ... liebte. *Zu allen, traurig* Sie a l l e sind auf mein Wort angewiesen, mehr haben Sie nicht. Ich übermittle an Sie, so gut ich kann. Ich erzähle Ihnen, woran ich mich erinnere oder zu erinnern glaube, und manchmal lüge ich und gebe Ihnen wieder, was er gesagt hätte ... wäre es ihm eingefallen ... oder seine Absicht gewesen.
DIE TOCHTER *hartnäckig, aber nicht heftig* Das genügt mir nicht.
DER SOHN *ruhig* Bitte?
DIE TOCHTER *hönisch* Du!
DIE FRAU Als ich dort hinkam, ins Krankenhaus — zum letztenmal — vor seiner Verlegung hierher — sagte ich ... *Wendet sich der Geliebten zu* ... Sie waren nicht dort, machten Einkäufe oder ruhten sich aus, glaube ich ... *Wendet sich wieder der Allgemeinheit zu* ... ihn betrachtend, an seinen Stromleitungen, stand ich am Fußende des Bettes — nichtssagendes Geplauder war mir vergangen, schon vor Jahren —, schüttelte den Kopf und gab, fürchte ich, mißbilligende Laute von mir — tz-tz-tz-tz-; denn er öffnete ein wenig die Augen, unheilvoll, so denke ich, muß ihm mein Blick vorgekommen sein, obwohl er lediglich ... objektiv war ... — da sagte ich: Das geht nicht, ganz und gar nicht. Möchtest du nicht lieber irgendwo anders sein? Willst du hier sein? Er ließ die Augen sekundenlang halb auf, schloß sie dann und nickte, sehr langsam. Was also? fragte ich, denn es wurde mir klar, daß ich zwei Fragen ge-

stellt hatte, und ein Nicken konnte sowohl ja wie nein bedeuten. Also was? fragte ich. Willst du hier sein? Langsames Kopfschütteln. Du möchtest lieber irgendwo anders sein? Augen auf und zu, zweimal, was, wie ich wußte – seit Äonen – Ungeduld ausdrückte. Dann ... Nicken. Ja, natürlich, sagte ich in meinem heiteren Umgangston, selbstverständlich willst du nicht hier sein. Willst du nach Hause? Überhaupt keine Antwort, brennende Augen auf mir. Zu dir nach Hause, meine ich, zu mir bestimmt nicht. Oder zu ihr. Vielleicht willst du dorthin. Soll ich es veranlassen? Augen immer noch auf mir, bewegungslos. Soll sie es veranlassen? Immer noch die Augen, noch immer bewegungslos. Ist es veranlaßt worden? Hat sie es bereits veranlaßt? Die Augen leuchten auf; ich hätte schwören können, es war ein Lächeln in ihnen. Sie hat. Also schön. Wenn es getan wird, ausgezeichnet. Mir liegt nur daran, daß es getan wird. Ich verspüre keinen Besitzanspruch mehr, nicht mehr seit ... und die Augen erloschen, blieben offen, erloschen, wie früher ... ach, so oft ... vor so langer Zeit. *Zur Geliebten* Das ist eins von diesen Dingen ...

DIE TOCHTER *besitzhungrig, auf sehr weibliche Weise* MUTTER!

DIE FRAU Nicht ... lenke mich nicht ab.

DIE TOCHTER *eher quengelnd, aber mit dem Wunsch, zu beschützen* MUTTER.

DIE FRAU *so gelassen wie möglich* Ja?

Pause.

Aus. Blieben offen, erloschen.

DIE GELIEBTE Ach, ja, das kam oft vor.

DIE FRAU *ruhig, fast unschuldiges Interesse* Ja?

DIE GELIEBTE Ach, doch. Ja.

DIE FRAU Merkwürdig, daß ich mich nicht daran erinnere. An das Öffnen und Schließen ... natürlich, an die Ungeduld, aber an das Erlöschen ...

DIE GELIEBTE *sanft* Ach, Sie hätten vielleicht darauf achten sollen. Es ist sicher vorgekommen.

DIE FRAU *ein kleines Lächeln* Nun ja, das hätte ich vielleicht sollen. Es ist zweifellos vorgekommen.

DIE GELIEBTE Für mich – war es immer ...

DIE TOCHTER War? Vergangenheitsform? Warum nicht ist?

DIE GELIEBTE *geht nicht darauf ein, ruhig* Er hat es nicht getan, ziemlich lange nicht. Sie w a r e n ein kleines Mädchen. Sind Sie es noch immer?

Die Tochter wendet sich ab.

DIE FRAU *ein kleines Lachen* Semantik? Und knapp »genügend«?

DER SOHN *leise* Laß sie in Ruhe.

DIE FRAU *nicht boshaft* War es nicht so? In der Schule? Knapp genügend, falls überhaupt? D u warst kaum besser.

DIE GELIEBTE Für mich – war es immer – ein Anzeichen, daß ...

DER ARZT *nicht drängend* Schwester.

Alle reagieren ein wenig. Keine Panik, sondern ein Wenden der Köpfe, ein Aufmerken.

DIE FRAU *ein wenig atemlos* Ist was?

DER ARZT *blickt auf und schaut alle an; ein leichtes Lächeln, ein wenig Verwunderung* Ach . . . ach, n e i n . Wir haben nur ... zu tun.

Kleine Pause

DIE GELIEBTE *nicht beharrend, fortfahrend* ... ein Anzeichen, daß ... etwas Kleines, Bruchstückhaftes in ihm erloschen war, ein ... kaum merkliches Abweichen von völligem Beteiligtsein. Oder, sofern nicht das, ein Vorzeichen: die Ankündigung.

DIE FRAU *ein Lächeln* Ach. Dann kenne ich es d o c h ... vom Gefühl her, und wahrscheinlich, nach dem, was Sie beschreiben, nahm ich es wahr, ohne es zu wissen.

DER BESTE FREUND I c h habe es wahrgenommen.

DIE FRAU *auf ihren Mann bezogen* Bei i h m ?

DER BESTE FREUND Nein. Bei mir selber.

DIE FRAU *leicht spöttisch* Wirklich?

DER BESTE FREUND *lächelt* Ja. Wirklich.

DIE FRAU *lächelt ihrerseits* Wie ungewöhnlich. *Denkt darüber nach* Wann?

DER BESTE FREUND In Verbindung mit meiner Frau, in meiner Unschlüssigkeit wegen der Scheidung, in jener Zeit, als du und ich – wie sagt man? – uns gegenseitig trösteten. In jener heimlichen Zeit, von der, fürchte ich, jedermann wußte.

DIE GELIEBTE E r hat es nie erfahren. I c h wußte es. Ich habe es ihm nicht erzählt.

DIE FRAU *traurig, lächelnd* Ach, es gab nicht viel zu erzählen.

DER BESTE FREUND Nein, aber doch einiges; kurz: Es war, nachdem ich mich entschlossen hatte, die Scheidung nicht einzureichen, in jenem Jahr ... bis ich ihre Einweisung veranlaßte. Alles, jeder ... Vorfall – ob sie sämtliche Rosen mit den Wurzeln ausriß, ihre Hände so zerfleischt, so ... ob sie die Tauben und Finken umbrachte ... ihre Haare in Brand steckte ... jedesmal ... bei jedem Mal, und diese Dinge, das wußte ich, verdienten Mitleid, waren kein Mutwille – beobachtete ich an mir ein In-mich-selbst-Zurückziehen, ein Zurückweichen, ein Abkapseln eines Teils meiner ...

DIE GELIEBTE Oh, das ist doch nicht das gleiche.

DIE FRAU *nicht unfreundlich, vorurteilslos* Nein, ganz und gar nicht. Sie war g e i s t e s k r a n k ... deine Frau.

DIE GELIEBTE Und das haben wir keinesfalls gemeint.

DIE FRAU Nein, keinesfalls.

DER BESTE FREUND Darüber haben Sie gesprochen.

DIE GELIEBTE *lacht ein wenig, traurig* Nein. Sondern, was in aller Ruhe geschieht und bei vollem Bewußtsein: Der winzigste Treubruch – kein so verhängnisvoller wie das Bestehen auf einer Lüge angesichts von Tatsachen oder so lästiger wie Phantasiegebilde während des Liebesakts, sondern dazwischen –, und er kann in irgend etwas bestehen oder in fast nichts, er bedingt ein Zurückziehen in sich selbst; die Erkenntnis, daß die eigene Bereitschaft zum Teilen ..

DIE FRAU ... Launenhaftigkeit war ...

DIE GELIEBTE ... Berechnung, und daß nichts unumgänglich war ... oder gar notwendig. Wenn die Augen entrückt sind, erloschen.

DIE FRAU *leicht ironisch* Kennst d u diese Wahrnehmung, Tochter?

DIE TOCHTER *heftig* In meinem sechsten Semester Englisch habe ich eine Arbeit über den TOD DES HERZENS geschrieben. Falls mich mein Gedächtnis nach all den Jahren nicht täuscht, bekam ich »sehr gut«.

DIE FRAU Na ja, es ist offenkundig noch passabler Durchschnitt herausgekommen. *Wendet sich dem Sohn zu* Und bei dir, mein Sohn?

Er schüttelt den Kopf, schwerfällig.

Nein? Ja, vielleicht schaffst du es nie. Männer kommen auch so durch.

DER SOHN Ich habe nicht nein gesagt. Ich habe über dich den Kopf geschüttelt, über euch alle.

DIE FRAU *auf den Sohn bezogen* D i e s e r Mann...

DER SOHN Dieser Mann, der...

heftig Mein Vater stirbt!

DIE FRAU *nach einer winzigen Pause* Ja. Das stimmt.

DER ARZT Falls ihr wieder runtergehen wollt, irgendeiner von euch...

DIE TOCHTER ... Zu den Fotografen? Den Zeitungsleuten? Ich setze einen Fuß ins Treppenhaus und sie überfallen mich von allen Seiten: Ist es schon passiert? I s t er? Dürfen wir jetzt hinauf? Begierig. Leise Stimmen, aber sehr begierig.

DIE FRAU *besänftigend* Na ja, sie haben ihre Familien ... ihre Frauen, ihre Freundinnen.

DIE TOCHTER Danke schön. Ich bleibe hier oben. Ich sitze es ab.

DIE FRAU *naserümpfend* Nett.

DIE TOCHTER *leicht ungläubig* Hast du nett gesagt?

DIE GELIEBTE Ja. Das hat sie.

DIE TOCHTER *zur Mutter* Weil ich »absitzen« sagte?

DIE FRAU *ohne Ausdruck, abwartend* Äe-häem.

DIE TOCHTER *erschreckend schrill* J A, W A S T U S T D E N N D U ? !

DIE FRAU *schaut zu ihr auf, lächelt unbestimmt, spricht leise* Ich stehe eine fünfzigjährige Ehe durch. Ich warte auf das A b l e b e n meines M a n n e s. Ich denke an das kleine Mädchen, das ich war, als er zu mir kam. Ich denke an ... willst du, daß ich aufhöre? ... – an nahezu alles, was mir einfällt, ausgenommen an euch beide – an dich und deinen ... nichtssagenden Bruder – ... *leicht, zum Sohn* Bitte, verzeih mir. *Fährt fort* Ich sitze es ab. I c h ... sitze es ab. *Zur Tochter* und d u auch?

DIE TOCHTER Und genieße es weniger als du.

DIE GELIEBTE *zur Tochter, eine ruhige Entdeckung, beinahe, als fiele es ihr zum erstenmal auf* Sie sind keine besonders gütige Frau.

DIE FRAU *geht darüber hinweg* Sie war immer Mamas Hätschelkind.

DIE TOCHTER *zur Geliebten* Bin ich plötzlich I h r e Tochter?

DIE GELIEBTE Gott sei Dank nicht! Nein!

DIE TOCHTER Na ja. Sie haben sich schon so viel herausgenommen ...

DIE FRAU *Ankündigung eines Themas* Das kleine Mädchen, das ich war, als er zu mir kam.

DIE GELIEBTE Soviel? *Zur Frau* Interessant: Nur die Mutter kann wirklich ganz sicher wissen, wessen Kind es ist. Gut, der Mann weiß, daß seine Frau das Kind b e k o m m t ...

DIE FRAU *lacht fröhlich* Er nahm mich eines Tages beiseite – bevor es zu Ihrer Liaison mit ihm kam, die beiden waren aber schon erwachsen – und, eigentlich eher wie man schuldbewußt sagt: »Bin ich mit dem Wagen w i r k l i c h rückwärts durchs g a n z e Tulpenbeet gefahren?« fragte er mich, sein Blick verlegen irgendwohin gerichtet ...: »H a b e ich diese Kinder gemacht? War das u n s e r Werk? Nur deins und meins?« Ich lachte, beinahe fröhlich, denn obwohl unsere Talfahrt schon begonnen hatte, gab es noch Gespräch und Haltung; Stummheit und Ausbrüche, das kam erst später, die Titanen rangen noch ... und ich sagte: »Oh, ja mein Liebling, ja, sie sind unser Werk, unser ureigenes.« *Sie lacht verhalten in sich hinein.*

Kurze Pause. Die Tochter steht auf, beinahe träge, geht dorthin, wo die Mutter sitzt, gibt ihr eine Ohrfeige, gelassen, ohne sichtbare Emotion, kehrt auf ihren Platz zurück.

DIE FRAU *nach einer Pause, zur Geliebten, kleines Lächeln* Entschuldigen Sie.

Sie steht auf, genauso träge, geht dorthin, wo die Tochter sitzt, gibt ihr eine Ohrfeige, gelassen, ohne sichtbare Emotion, kehrt auf ihren Platz zurück. Nach einem unverbindlichen Seufzer über die Tochter, die vor sich hin starrt, ganz allgemein, von neuem eine Ankündigung. Über die Schulter, zum Arzt.

Und was meinst du jetzt?

DER ARZT *geduldiges Lächeln* Hast du es wieder mit meiner Intuition? Meiner Ahnung? Deinen Spottnamen für all die Jahre, in denen ich euer Kommen und Gehen überwachte? Das deiner Eltern, das seiner? Meine sechzigjährige Praxis. *Zeigt auf die Krankenschwester* Die vierzig Jahre, seit sie mit mir herkommt, um bei euch allen die Nächte durchzuwachen?

DIE FRAU Ja.

DIE GELIEBTE *ziemlich erstaunt* Sechzig erfüllte Jahre.

DIE FRAU *immer noch zum Arzt* Auf die Gefahr hin, die Pferde scheu zu machen oder als herzlos zu gelten – was ich nicht bin –: hältst du ihn zurück, oder verhilfst du ihm dazu?

Die Tochter erstarrt, dreht sich auf den Absätzen um, geht auf die Tür zu, öffnet sie, geht hinaus, schlägt sie hinter sich zu.

DER ARZT *beobachtet dies, bevor er antwortet* Ich habe die künstliche Ernährung abgestellt. Wir lassen ihn ... verhungern, kann man sagen. Er atmet jetzt sehr langsam ... wie im Schlaf ... *achselzuckend* ... na ja, schwach ... mühsam trifft eher zu. Er hat ... innere Blutungen. Soll ich fortfahren?

DIE FRAU *kein Ausdruck* Bitte, ja.

DER ARZT Wenn du herkommen und schauen möchtest ... Er scheint mir jedesmal, wenn ich den Kopf abwende und mich dann wieder umdrehe, reduzierter. Bleibt verdammt wenig für die Würmer.

DIE GELIEBTE Die Flammen.

DIE FRAU *als ob der Wind ihr etwas zugetragen hätte* Ach? Ja?

DIE GELIEBTE Er wird eingeäschert. »Und du darfst den Flammen nicht mein Herz entreißen«, sagte er, »denn es ist kein schmackhaftes Organ.«

DIE FRAU *schulmeisterlich* Vielleicht. Vielleicht wird er verbrannt.

DER BESTE FREUND *ganz ernsthaft, wirklich* Er hat doch ganz bestimmt nicht vorgeschlagen, daß er im Freien ... öffentlich verbrannt wird!

Ein Konzert ziemlich kalten, gewollten, hilflosen Gelächters der Frau und der Geliebten unterbricht ihn.

DER SOHN *schließlich* Hast du nicht ... irgend etwas? Irgendwelche Papiere?

DIE FRAU *ziemlich hilflos ihrem stillen, entsetzlichen Gelächter ausgeliefert* Du mußt!

DER SOHN *zweifellos die größte Heftigkeit seines Lebens* DU MUSST!

DIE GELIEBTE Ja!

DER BESTE FREUND *nach einer verlegenen Pause* Es ... gibt ... Papiere ... Umschläge, die ich nicht geöffnet habe, auf ausdrückliche Weisung. Da könnte ...

DIE GELIEBTE *unerschütterlich, kühl* Es war ein mündlicher ... Umschlag.

DER BESTE FREUND Ich werde mich an Schriftliches halten.

DIE FRAU *halb höhnisch, halb darauf bauend* Selbstverständlich, das wird er.

DIE GELIEBTE *kalt, eine diamantene Härte, und doch weiblich* Oh Gott, ihr Verwandten! Sie werden sich an das halten, was ich Ihnen sage; letztlich; wie ich es Ihnen gesagt habe.

DIE FRAU *beinahe wie improvisierend, heiter* Nein! Wir werden uns an das halten, was ist, was vorgeschrieben ist. Meine Güte, wenn ein Mann in Flammen aufgehen möchte, soll er es aufschreiben –, auf einer Schreibtafel! Oder sollen wir hingehen und ihn schütteln ... zur letzten Ehre wecken, vor der letzten Ehre, und zwei Frauen auf ihn loslassen und einen besten Freund obendrein, und ihn zwingen, sich festzulegen?! »Liebling, wir wollen es nur wissen! Flammen oder Würmer? Deine Geliebte sagt mir, du ziehst die Flammen vor, während ich, fünfzig Jahre lang nur deine Frau, die Mutter deiner angezweifelten Kinder – wahrhaftig wahr, mein Liebling – dich zu den Würmern wünsche. Sage es uns doch. Ja? Öffne für einen Augenblick deine erhabenen Lippen oder deine Augen: öffne und schließe sie, schalte sie ein und aus, laß uns ... endgültig! ... mißverstehen.«

Die Geliebte lächelt, applaudiert langsam: fünf Schläge, sieben, immer eine ungerade Zahl.

Dem Applaus folgt eine kurze Pause, in der die Frau der Geliebten gnädig zunickt.

DER ARZT *für sich, aber nicht sotto voce* Der Tod ist eine so alte Krankheit.

Er merkt, daß man ihm zuhört; spricht zur Frau und zur Geliebten, lacht ein wenig.

Da dies so ist, muß es eine Beruhigung sein, jemand am Bett zu haben, der so alt ist wie ich: vertraut mit ihm, ihn so gut kennt.

DIE GELIEBTE Nun, zu Ihrer Beunruhigung: mich hat es nicht gefreut, daß man Sie betraut hat. Nimm einen jüngeren Mann, habe ich zu ihm gesagt ...

DIE FRAU Seien Sie freundlich.

DER BESTE FREUND Es ist Sitte ...

DER ARZT *nicht verletzt, nicht böse; er zuckt die Achseln* Und Sie haben sie konsultiert ... die Chirurgen, die Spezialisten, jüngere – na ja, keine unbesonnenen, aber ich bezweifle, ob Sie gewollt hätten, daß ...

DIE FRAU ... irgendein Draufgänger von Assistenzarzt mit einem Skalpell in der Hand, einem Tennisschläger unterm Arm ...

DIE GELIEBTE *leicht verärgert* Seien Sie nicht lächerlich.

DER ARZT *lacht in sich hinein* Ich bin eigentlich eine Art Priester: Ihr holt mich für die Grenzfälle, für Geburt und Tod, und für kleinere Schrammen und Kratzer dazwischen. Wenn so ein lästiger Husten immer lästiger wird, ja dann bin nicht ich es, der Hals oder Brust aufschneidet, nicht ich. Ich schicke euch zu anderen ... unverzüglich. Ich bin der ... praktischste aller praktischen Ärzte.

DIE GELIEBTE Es tut mir leid.

DER ARZT ’türlich, wenn Sie meinen, ein Jüngerer könnte mehr erreichen, brächte ihn wieder auf die Beine und ans Feuer am Kamin, mit einem Whisky, in dem Eiswürfel klingeln, besser aussehend als je ...

DIE GELIEBTE *will nichts mehr davon hören* Nein! Ich habe gesagt, es tut mir leid. Ich ... hadere einfach. *Nett* Es tut mir leid.

DER BESTE FREUND *eigentlich zur Geliebten, aber zum Arzt und zu den anderen* Die Sitte des Hauses. Und die besteht schon sehr lange. »Man kehrt am Ende zum Ausgangspunkt zurück.«

DIE FRAU *ruhig, ersticktes Gelächter* Oh, Gott! »Das kleine Mädchen; das ich war, als er zu mir kam.«

DER BESTE FREUND *ruhig* Höre endlich auf damit. *Eher zu allem als zu allen.* Ich habe keine Zeit ... ja doch, ich habe sie schon ... aber ich habe keine Zeit ...

DIE FRAU *Parodie einer Betrunkenen* Wie laufen die Börsengeschäfte?

DER BESTE FREUND ... zum ...
besinnt sich eines Besseren, hält inne.

DIE GELIEBTE *nach einer Pause* Des Hauses? Die Sitte welchen Hauses?

DER BESTE FREUND *unverdrossen, nicht unfreundlich* Wo immer er sich aufhält: Des Hauses auf seinem Rücken oder in seinem Kopf.

DIE GELIEBTE *leicht aggressiv, ein wenig verwirrt* Ach ... ich dachte, ich weiß a l l e s : ich war schließlich so ... hatte so uneingeschränkt an allem teil.

DIE FRAU *zum besten Freund* Steht es auf einem deiner reizenden Papierchen ... ? ... Deinen Zettelchen? Daß wir am Ende zum Ausgangspunkt zurückkehren? Vielmehr e r ?

DER BESTE FREUND *gelassenes Lächeln* Nein.

DIE FRAU Das dachte ich mir; denn Dr. Tages, der ihn zur Welt ... in das alles gebracht hat, ging mit jenem Boot unter, Schiff eher, das mit dem Eisberg – ... oder war es ein deutsches U-Boot? Der Eisberg, glaube ich.

DER SOHN Titanic.

DIE FRAU Ich danke dir.

DIE KRANKENSCHWESTER Tages ging mit keinem Schiff unter.

DIE FRAU *und*

DER BESTE FREUND *leicht überlappend, fast gleichzeitig* Er ist n i c h t untergegangen?

DIE KRANKENSCHWESTER *zum Arzt* Darf ich? *Der Arzt nickt.* ... Tages ging an dem zugrunde, woran wir alle zugrunde gehen, und eines T a g e s , verzeihen Sie das Wortspiel, e r k a n n t e er das Brennen in der Brust bis zum Hals, und was von den Nieren ausging, bedeutete, daß sie es nicht mehr schafften, und er erfaßte plötzlich, daß alles ausgegangen war ... von einem zentralen, möglicherweise aufhaltbaren Punkt – wie dem Essen jener letzten, unbegehrten Flunder, jenes Salats, dem Einatmen jener Höhenluft auf dem Gipfel des ... wo? –, diesem gewissen Etwas, das zu entdecken wir geboren werden und nie finden.

Pause

Er spürte seinen Mörder in sich auf, beschaute sein Werk, und er sagte: »Du nicht. Nicht mit mir.«

Pause

Und so buchte er – n a t ü r l i c h – auf der Titanic.

DER SOHN *geistesabwesend* Ja ... das habe ich mir gedacht.

DIE GELIEBTE *ahnt etwas* Natürlich.

DIE KRANKENSCHWESTER *leichter* Oder so ähnlich. Ich meine, wenn einen der Krebs erwischt, noch dazu einen Arzt, der die Aussichten kennt u n d die Qualen, ja, was bleibt ihm übrig, als auf einem Schiff zu buchen, das seiner Meinung nach einen Eisberg rammen und untergehen wird.

DER SOHN *stirnrunzelnd* Ach. Also ging er n i c h t mit der Titanic unter?

DIE KRANKENSCHWESTER Nein. Er ging nach Maine in sein Wochenendhaus und fischte ... ungefähr eine Woche lang. Dann brachte er sich um.

DIE FRAU Und die Geschichte vom Schiff ...

DIE KRANKENSCHWESTER ... war freie Erfindung, von seiner Frau ausgedacht und von seiner Geliebten gebilligt, auf den glücklichen Zufall hin, daß die Titanic zur gleichen Zeit ›zugrund‹ ging wie er. Oh, niemand g l a u b t e daran, verstehen Sie; die Nachrufe waren ungekünstelt. Aber es wurde zu einer beschönigenden Lesart, die man zu guter Letzt gelten ließ.

DIE FRAU Arme Frau.

DIE GELIEBTE Arme F r a u e n.

DIE FRAU Wer war seine Geliebte? Ich habe nicht gewußt, daß er eine hatte.

DIE KRANKENSCHWESTER *beiläufig* Ich.

DIE FRAU Du meine Güte! Sie sind ... a l t, n i c h t?

DIE KRANKENSCHWESTER Ja. Sehr.

DIE FRAU *nach einer kleinsten Pause* Darauf wäre ich bis jetzt nie gekommen. Sie waren einfach immer ... vorhanden. Ich glaube kein einziges Wort von Ihrer Geschichte.

DIE KRANKENSCHWESTER *zuckt die Achseln* Das kümmert mich nicht. *Sie geht auf ihren Platz am Bett zurück.*
Pause

DER ARZT *zur Geliebten* Verstehen Sie ...

DIE GELIEBTE *ziemlich verärgert* Das sagen Sie i m m e r z u!

DIE FRAU *nicht sicher, aber interessiert* Tut er das?

DER ARZT *zur Geliebten* Verstehen Sie: ich habe meinen Zehnten auf einmal abgedient, in den Gefängnissen, als ich jung war. Nach meiner Assistentenzeit. Ich wollte helfen.

DIE FRAU Das haben w i r nie gewußt.

DIE GELIEBTE Nein.

DER ARZT Nein? *Zuckt die Achseln, lacht in sich hinein* Es ist eine Weile her: das war, bevor unser Sinn sich dem Neuen Testament zugewandt hatte ... oder dem, was unsere Auslegung ist. Männer starben damals – wegen ihrer Mordtaten – einen schnellen Tod, w e n n . . . – na ja, vielleicht nicht auf anständige Weise, aber auf eine Art, die als anständig galt, falls bei lebendigem Leibe verbrennen näherer Betrachtung standhielt . . .; . . . wir waren alle alttestamentarische Juden, und wir sind es noch, zweihundert Millionen von uns, die Kinder ausgenommen; denn wir bekennen einen Glauben, den wir nicht mehr praktizieren . . . – wenn: wenn das Gericht barmherzig war; und das unterscheidet uns Mediziner von Geschworenen: uns eilt es nicht. Wie dem auch sei: ich war bei ihnen, blieb bei ihnen, verhalf ihnen zu ihren letzten Wünschen: ich blieb bei ihnen, und sie waren allein in den Todeszellen, hatten keinen Zugang zueinander, und es war vorbei mit der Homosexualität, falls sie je ausgebrochen war, die Homosexualität und was dazu gehört. Und es gab solche, die sich in den letzten Wochen vom Sexus, vom Masturbieren ab- und Gott zuwandten oder ihrer Angst oder sich hermetisch abkapselten, aber nicht alle. Manche trieben wie rasend Selbstbefriedigung – wahrhaftig, ich behandelte mehr als einen, der davon blutete, vom Zuviel – und einzelne vertrauten mir an, ihr Wunschbild beim Onanieren sei der Henker . . . irgendeine Zwangsvorstellung von seinem Aussehen.

DIE FRAU *besinnt sich auf eine Ankündigung* Das kleine Mädchen, das ich war, als er zu mir kam.

DER ARZT *zur Geliebten* Verstehen Sie . . .

DIE FRAU *lacht ein wenig* Verstehst d u nicht? Das interessiert keinen Menschen.

DER ARZT Ich . . . bin sechsundachtzig . . . was, wie mein Enkel mir beibrachte, oder vielleicht mein Großneffe – ich verwechsle sie immer, nicht die beiden, sondern ihre . . . *vertraulich* . . . na ja, sie sehen gleich aus und haben, was, wie ich zugebe, auf mich wie Perücken wirkt, obwohl ich weiß, daß es keine sind . . . *ein wenig sehnsüchtig, doch nicht effeminiert* . . . langes, wunderschönes . . . gewelltes und über den Schultern eingedrehtes . . . blondes und gralähnlich leuchtendes Haar. . . und sie sagten. . . oder einer von ihnen. . . . *nicht laut, aber mit Nachdruck* – »Sechsundachtzig! Mann, das heißt, aus der Mode kommen!« Na ja, ich wußte natürlich, was sie meinten, aber ich stellte mich blöd – und ich fragte sie, warum – was macht das aus mir? »Sechsundachtzig und aus der Mode.« Macht mich das zum...? und plötzlich wußte ich es! Ich wußte, ich wollte in diesem langen, blonden Haar liegen, auf den Nacken darunter meine Lippen drücken, vom blonden Haar zugedeckt...

DER SOHN *heftig drängend* Ich kann dir nicht f o l g e n !

DER ARZT Ich bin, mit dem, was ich vorher begonnen habe, zum Schluß gekommen: wie wir darüber in Verzückung geraten... *kleines Lächeln* ... über die Urheber unserer Vergänglichkeit. Verstehst du: Plötzlich liebte ich meine Henker... na ja, im übertragenen Sinne, und indem ich mich gern... angekuschelt hätte, angeschmiegt –; denn wir suchen Wärme, ja Zuneigung, bei jenen, die uns sagen, daß wir sterben werden, oder wann.

DIE GELIEBTE *nach einer Pause* I c h bin fürs Töten. M a n c h-mal. Bei m a n c h e n.

DIE FRAU Selbstver s t ä n d l i c h. Man liefere uns eine Theorie, und wir beerdigen sie.

DER BESTE FREUND *stiller Abscheu* Sie k ö n n e n nicht dafür sein.

DIE FRAU Denke... an deine Frau.

DER BESTE FREUND *verrät sein Innerstes, aber leise im Ton* Das d a r f s t du nicht.

DIE GELIEBTE *ruhiges Lächeln* Wer hätte mehr Berechtigung?

DER BESTE FREUND *immer noch leise kochend* Sie! *Zeigt auf den Sohn* Er! *Zeigt auf die Krankenschwester* Sie! *zurück zur Frau* Das hatte nichts mit Töten zu tun.

DIE FRAU Nur mit... Scheidung. Nicht w i r beide haben sie erledigt –, nicht unser spätsommerliches... Stelldichein, es war ja nicht das erste. Unser gegenseitiges... Erbarmen am See... in der Stadt... d a s hat diese verstörte Frau, die die halbe Zeit immerhin noch Brot backen konnte und Abendgesellschaften geben, nicht in ihren vertierten Gemütszustand zurückgestürzt, nein, mein Lieber. Die Fickerei – wie das heutzutage in aller Öffentlichkeit genannt wird – hat ihr den Rest gegeben, unsere, meine ich. Scheidung: Ver e i n samung. Erzähle m i r also nicht, du glaubst nicht an Mord. Du g l a u b s t daran. I c h glaube daran. *Zeigt auf die Geliebte* S i e glaubt daran, und gibt es zu.

DER SOHN *ohne sich zu rühren* ICH WILL MIT IHM SPRECHEN!

DER BESTE FREUND *zur Frau, leise, heftig* Du hast gesagt, sie sei geisteskrank. Alle haben es gesagt.

DIE FRAU *fast verträumt* Wirklich? Ach, vielleicht meinte ich, sie werde es. *Rätselhaftes Lächeln* Vielleicht meinten wir das alle. *Zum Sohn* Dann sprich mit ihm. Du kannst Bemerkung vorausschicken: »Zum ersten- und zum letztenmal.« Und du wirst auf keinen Widerspruch stoßen – das steht fest. Ich täte es trotzdem nicht. *Trocken* Du fängst wahrscheinlich an zu heulen. Mit deinen Gefühlen ist es ohnehin nicht weit her. Ich würde sie mir aufsparen.

DER SOHN *zur Mutter, frustriert, beherrschte Wut* Er stirbt!

DIE FRAU *traurig, tröstend, erklärend* Ich weiß.

DER BESTE FREUND *still, mehr oder weniger zu sich selber* Es war fortschreitend, schubweise. Ich habe mich erkundigt. Die Gewalttätigkeit war ein Übergangsstadium. *zur Frau* Ich habe sie vor kaum zwei Monaten gesehen.

DIE GELIEBTE *bemerkt, daß die Frau in Gedanken ist* Wirklich!

DER BESTE FREUND Ich war im Klub gewesen und wollte gerade in mein Auto steigen, da hielt ein anderes neben mir und jemand sagte – eisig, glaube ich –: »Ach, sieh mal an!« Es war eine Stimme, die ich kannte, und ich wandte mich um, und am Steuer saß ihre Schwester und neben ihr noch eine Frau, im Todessitz, wie man sagt. »Schau mal einer an!« sagte sie – eindeutig eisig –, und ich spürte sofort, bevor ich hinschaute, daß meine Frau auf dem Rücksitz war, meine Exfrau; und die Frau auf dem Vordersitz war von der Klinik; keine Schwesterntracht, aber irgendeine Art von Wärterin. »Schau mal, wen wir vor uns haben!« So in der Tonart, das Lächeln aufgesetzt, die Augen irrer als die meiner Frau je sein konnten – und doch ein normales weibliches Wesen. Die Wärterin rauchte, das weiß ich noch. Selbstverständlich schaute ich hin und wahrhaftig, da war sie, auf dem Rücksitz, in der Ecke gegenüber, in einer Pelzdecke, halb Dekorationsstück, halb Verpuppung, und wie klein wirkte sie darin! »Schau mal, wer da ist!« sagte ihre Schwester, diesmal zu ihr, den Kopf zurückgewandt, um unser beider Ausdruck zu erhaschen. Die Scheiben waren unten, und ich legte meine Hände auf den Sims – falls Autotüren so etwas haben – und bückte mich ein wenig. »Guten Tag«, sagte ich, »wie geht es dir?«, und während ich es sagte, fiel mir ein, daß ich, hätte sie mir ins Gesicht gelacht oder geschrien oder sich auf mich gestürzt, nicht überrascht gewesen wäre. Aber sie lächelte und streichelte mit dem Handrücken den Pelz an ihrer Wange. Ihre Stimme klang ruhig und außerordentlich... ausgeruht. »Mir geht es gut hier drinnen«, sagte sie, »wie geht es dir da draußen?« Ich antwortete nicht: ich fühlte mich zu befangen durch ihren Blick, den ihrer Schwester, durch die Wärterin, die, abgewandt, gerade vor sich hin schaute und rauchte. Sie redete weiter: »Ach, es wäre so hübsch, dir zu sagen, ›rück näher, damit ich dir etwas zuflüstern kann‹. Dann könnte ich deinen Kopf in meine Hände nehmen und ganz leise sagen: ›hilf mir‹; entweder dies oder mit meinen Lippen dein Ohr liebkosen, so wie du es magst, und dann mit den Zähnen z u p a c k e n und, wenn du dich losreißt, mich festbeißen, Blut und Fleischfetzen.« Es war so ... unpersönlich und ohne Groll, ich rührte mich nicht. Die Wärterin rührte sich, entsinne ich mich, sie drehte sich um. »Aber das kann ich nicht tun«, sagte meine Frau – traurig, glaube ich. »Weißt du, warum?« »Nein, ich weiß nicht, warum« »Weil ich«, sagte sie, »wenn ich dein Ohr anschaue, das Hinterteil und den Schwanz einer Maus heraushängen sehe; sie muß sich ganz tief hineingenagt haben.« Ich rührte mich nicht, meine Hände blieben, wo sie waren. Kann sein, daß ich versuchte, mir irgendeine Antwort zurechtzulegen, doch darauf g a b es keine. Dann ließ ihre Schwester den Motor aufheulen. Als sie mich beim Parken erblickte, hatte sie ihn wahrscheinlich vorsichtshalber leerlaufen lassen. »War nett, dich zu treffen«, sagte sie zu mir, mit demselben gräßlichen Lächeln, denselben irren Augen, und sie setzte zurück, wendete, schaltete und fuhr davon. Und was mir nach ihrer Abfahrt im Gedächtnis blieb, vor allem anderen, vor der Maus, meiner Frau, mir selbst übrigens auch, ist das Scheppern des Armbands ihrer Schwester, das gegen das Steuer schlug – eine massive Goldkette, an der eine Scheibe hing, eine große, dünne Scheibe mit dem Gekritzel ihres faksimilierten Vornamens auf einer Seite. Das. Das Scheppern, als sie schaltete.

Pause

DIE FRAU *die fast der ganzen Geschichte zugehört hat* Dann entschuldige, bitte.

DER BESTE FREUND *ruhig, ein wenig ermüdet* Schon gut.

Pause

DER SOHN Es stimmt nicht, verstehst du? Ich habe mehr Gefühl, als du glaubst.

DIE FRAU *sanft, versöhnlich* Ach, das hoffe ich.

Pause

zur Geliebten Sie sind sehr schweigsam.

DIE GELIEBTE Ich wundere mich schon selber darüber. W a r u m wohl? Es ist mir a u f g e f a l l e n und gibt mir zu denken. Es ist nicht meine A r t.

DIE FRAU *zustimmend* Nein.

DIE GELIEBTE Außenseiterin, nehme ich an.

DIE FRAU *nett* Ach, hören Sie auf.

DIE GELIEBTE Nein, wirklich. Doch. In diesem Zusammenhang. Ihnen zuzuhören, hat es mir endgültig bestätigt, glaube ich: M e i n Gott, das war wirkungsvoll, wie Sie das machten, und ich vermute sogar, Sie b r a u c h t e n es. Vielleicht erhalten wir uns auf diese Weise das neunzehnte Jahrhundert; indem wir tun, als existiere es und ... nun ja ... Außenseiterin.

DIE FRAU *unpersönliche Neugier, aber freundlich* Was werden Sie t u n ?

DIE GELIEBTE *denkt eine Weile darüber nach* Ich w e i ß nicht. Wirklich nicht. Machen Sie mir einen Plan. Wer stürzt sich zuerst auf die Steppdecke? Wer nimmt ihn in die Arme ... und auf was, was ... und auf was kommt es an? Wer packt die Schultern, um den Tod aus ihnen herauszuschütteln, und wer bricht in die Knie?

DIE FRAU *selbst nicht sicher* Man weiß es nicht.

DIE GELIEBTE *lacht, so traurig* Oh, Gott, das kleine Mädchen, das Sie waren, als er zu Ihnen kam.

DIE FRAU *traurige Wahrheit* Ja!

DIE GELIEBTE *traurige Wahrheit* Ich w e i ß nicht.

Die Tochter tritt auf. Das plötzliche Türgeräusch versetzt alle in stumme Aufmerksamkeit. Sie lacht lautlos und unangenehm über die Reaktion der anderen und geht wortlos zum Kamin. Sie legt die Hände auf den Kaminsims und starrt ins Feuer.

DIE GELIEBTE *fährt fort* Letztlich ... eine Außenseiterin. Ich habe darüber n a c h g e d a c h t und bin zum Schluß gekommen, daß das Ritual mich dazu machte. *Schaut sich um, fast belustigt*

Dies ist ... ein Ritual, nicht wahr? *Normaler Ton* Zwanzig Jahre frei davon, bis auf gewisse Peinlichkeiten an Weihnachten vielleicht. *Zur Frau* Ich erinnere mich besonders an einen Dezember, als in den Zeitungen stand, Sie hätten die Scheidung eingereicht. Zu meinem Glück, glaube ich, haben Sie es nicht getan; es hätte ihn gezwungen, mich zu heiraten ... oder auch nicht: mich zu verlassen. *Allgemein* Sie fehlten ihm damals alle. Ach, Sie fehlten ihm i m m e r ... ein bißchen, aber an j e n e n Weihnachten – wir waren im Wochenendhaus, erst im darauffolgenden Jahr fuhren wir auf die Inseln, um den Feiertagen um jeden Preis zu entgehen, obwohl sie natürlich seinem Rücken guttat, die Sonne – an besagten Weihnachten saßen wir vor dem herrlichen Kaminfeuer, der Schnee lag schwer auf den Kiefern, und ich wußte, ihm fehlte ... nun ja: Familie. *Kleines Lachen.* Das Ritual fehlte ihm, glaube ich.

Nicht unnett. Obwohl ich bezweifle, daß Sie mit Weihnachten gut zurechtkamen. Kaum ... mustergültig: Glühwein und Kastanien.

DER SOHN *leicht trist* Ein einziges Mal. Kastanien.

DIE FRAU *zur Geliebten, ein Lächeln* Sie haben recht.

DIE GELIEBTE Am Kaminfeuer, Heiligabend. Wir h a t t e n Hand in Hand gesessen, aber da nicht, nicht in jenem Augenblick ... und seufzte er? Vielleicht. Aber es trat eine ungeheure ... ganz plötzlich trat ein ... toter Punkt ein, und mein Blick fiel auf sein Profil, während er ins Feuer starrte, dieses ... wundervoll gemeißelte, und es war, als wäre er ... geschrumpft, kaum merklich. Ich nahm seine Hand, und er wandte sich mir zu und lächelte: kam zurück. Ich sagte: »Du solltest sie mit i h n e n verbringen, jedes J a h r.« Er sagte, er glaube nicht ... und nicht um m e i n e t w i l l e n nicht.

DIE TOCHTER *starrt immer noch ins Feuer. Sie intoniert das Wort, dehnt es* Drohne. Drohne!

DIE GELIEBTE *schaut auf, richtet den Blick auf den Rücken der Tochter, hält einen Augenblick inne, blickt ins Leere, fährt fort* Es i s t das Ritual, verstehen Sie, das dieses Gefühl in mir auslöst. Die ersten paar Male wollte ich nicht dabei sein, wenn ihm Doktorhüte verliehen wurden; bis er mich dazu z w a n g , und zu den Banketten, wo er s p r a c h ! Ich habe mich natürlich nie als ein Geheimnis betrachtet – denn ich bin keine Nutte und hätte auch nie dazu getaugt

–, aber die Rituale erinnern mich an das, was, wie ich glaube, meine ... gesellschaftliche Stellung genannt wird. Etwas so uneingeschränkt zu sein und doch ... na ja, sei's drum. *Ein plötzliches, heiteres Lachen.* Ich frage mich: Wäre ich S i e gewesen – das kleine Mädchen, das Sie waren, als er zu Ihnen kam –, hätten Sie alles mitgemacht wie ich? Wären S i e bereit gewesen, meine Stelle einzunehmen?

DIE TOCHTER *als die Frau im Begriff ist, zu sprechen, dreht sie sich um, bleibt aber beim Kamin*
Sie sind alle unten! Die Kameramänner, die Fernsehleute, die Reporter. Sie haben mir einen Pappbecher Kaffee gegeben.

DIE FRAU Ja, warum k ü m m e r t man sich nicht um sie? Hast du denen in der Küche nicht gesagt, sie sollen die Bedürfnisse der ...

DIE TOCHTER Die d r a u ß e n : die Teams mit ihren Übertragungswagen und Scheinwerfern, d i e haben mir den Kaffee gegeben.
Lacht, aber es klingt nicht angenehm. Wie die P i l z e ! Die Fernsehleute sind auf der Haustürtreppe, ihre ganze Ausrüstung auf dem Bürgersteig, und du redest von Kanülen und Drähten! Wie die Pilze: alle die dort draußen, und die Fotografen halten die Eingangshalle besetzt, wie Tanzstundenjünglinge – keiner sitzt! –, und die Presseleute haben die Bibliothek erobert, weil dort der Whisky steht.

DIE FRAU *zum besten Freund* Geh hinunter und t u etwas!

DIE TOCHTER *genießt es offensichtlich – auf eine traurige Weise* Misch dich nicht ein! Es hat sich eingespielt. Rühr dran und du hast sie hier oben vor der Tür. Laß es bleiben. Schaut zum Bett ihres Vaters hin; chargiert. Wer i s t dieser Mann?

DIE FRAU *verklingend* Ja, ich nehme an ...

DIE TOCHTER Ach, die Polizei habe ich vergessen.

DIE FRAU *leicht besorgt* Die Polizei?!

DIE TOCHTER *sehr aufgedreht* Für die Leute. Na ja, im Augenblick sind nicht viele unten, Leute, vielleicht fünfundzwanzig – die Sorte Volk, die für ein Pferd mit Hitzschlag zusammenkäme, wenn es Sommer wäre. Das Fernsehen hat sie angelockt, die Lastwagen und die Kabel. Sie lungern herum, haben nichts Besseres zu tun; wenn es nicht

Nacht wäre und kein Wochenende, dann würden die bestimmt nicht ihre Zeit vertrödeln. Ich meine, Herrgott, wir haben ja nicht den Präsidenten im Haus oder was weiß ich.

DER SOHN *ruhig, aber erschrocken* Rede nicht so.

DIE FRAU *zum besten Freund* Solltest du nicht hinuntergehen?

DER BESTE FREUND *schüttelt den Kopf* Nein, es ist ein öffentliches Ereignis. W i r d es sein.

DIE KRANKENSCHWESTER Das ist der Schlußtest für die Berühmtheit, nicht wahr, der Gradmesser: was ist berichtenswert? Der Vorgang des Sterbens an sich oder nur der Tod?

DIE GELIEBTE *entsetzt* N U R ? !

DIE KRANKENSCHWESTER *fast ein Vorwurf* Ich rede nicht von m e i n e r Meinung oder I h r e r. Ich rede von d e n e n. Vom Publikum: Ob denen genügt, es in der Zeitung zu lesen, ohne einen gewissen Zorn darüber, das dazugehörende Sterben verpaßt zu haben. Bei den Kennedys sind sie darum betrogen worden, bei beiden, u n d bei King. Es passierte so schnell. Den Leuten blieb lediglich die Gewißheit, daß die Zeitgeschichte sie ins Gesicht geknüppelt hatte. Sogar beim armen Bobby; bei ihm dauerte es am längsten, aber jedermann wußte, daß er tot war, bevor er starb. Mein Gott, dieser ekelhafte Arzt an der Leitung wiederholte es uns unermüdlich: *Imitation eines verabscheuten Menschen* »Meiner Ansicht nach besteht k e i n e r l e i Aussicht: die Blutung, die Kugel, wo sie nun mal steckt. Keine Aussicht. Keine Aussicht.« Himmel, man konnte nicht einmal h o f f e n. Es war eine widerliche Nacht. Es weckte in mir den Wunsch, jung zu sein und ein Mann und gewalttätig und unbesonnen —: toben, um aufzurütteln. Papst Johannes war der letzte, an dem die Öffentlichkeit Anteil nehmen konnte — zwei Wochen des abscheulichsten Todeskampfes, bei vollem Bewußtsein bis zum bitteren Ende, unbetäubt, weil sein Gott von ihm verlangte, es zu erleiden. Ich weiß nicht, vielleicht i s t eine Kugel besser. Trotz allem.

DIE FRAU Vielleicht.

DIE GELIEBTE *ruhige Traurigkeit* Was für eine traurige und schäbige Zeit, in der wir leben.

DIE FRAU Jawohl.

DIE TOCHTER *beginnt zu lachen, ungläubig, grausam* Ihr ... Heuchler!

DIE FRAU Ach?

DIE TOCHTER Ihr frommen Heuchler! *Höhnisch* »Die traurige und schäbige Zeit, in der wir leben.« Jawohl. Ihr traut euch, dazusitzen und so die Köpfe zu schütteln?! *Zur Mutter* Zum Teufel mit dir und deinem ... Verhältnis mit ihm, darauf paßt traurig und schäbig durchaus nicht schlecht, w i r k l i c h nicht.

Zeigt auf die Geliebte.

Aber was ist mit i h r ?

DIE FRAU *neugierig* Was i s t mit ihr?

DIE GELIEBTE *sie auch* Ja. Was i s t mit mir?

DIE TOCHTER Geliebte ist ein ziemlich gnädiger Ausdruck für das, was dahintersteckt, nicht? A u s g e h a l t e n ebenfalls. Ist das nicht a u c h eine Beschönigung? Und wieviel glaubst du, hat sie von ihm bekommen? Eine halbe Million? Eine Million?

DIE GELIEBTE Es gibt Dinge, die Sie n i c h t wissen, kleines Mädchen.

DIE FRAU *Stahl* Du lebst mit einem Mann, der sich nicht scheiden lassen will von seiner Frau, die seinetwegen zur Säuferin wurde und die ihren Schnaps zweifellos gratis aus s e i n e m S c h n a p s l a d e n geliefert bekommt – ein Geschäft, das, wie ich annehme, der Gipfel seines Ehrgeizes ist –, der dir mehr Geld abgenommen hat, als mir auszumalen lieb ist, dem du zumindest einen Rippenbruch verdankst, von dem ich weiß, u n d ein blaues Auge, und der die S t i r n hatte ... die S t i r n , mich aufzusuchen und anzudeuten, ich solle mich bei deinem Vater einsetzen ...

DIE TOCHTER *wütend* ES REICHT!

DIE FRAU ... für eine politische Angelegenheit, die nach Mafia s t a n k ...

DIE TOCHTER *ein Schrei* ES REICHT!

DIE FRAU *Tonwechsel; Verlust* Du kennst die Worte »traurig« und »schäbig« sehr gut, kennst sie viel zu gut, um den Spieß umzudrehen, noch dazu auf jene, die k e i n Prinzip daraus machen, in ihrem Wollen oder Müssen ihr möglichst Schlechtestes zu tun. Darum, wahrscheinlich, liebte ich dich schließlich immer weniger –: weil d u dich selbst so wenig liebst. Erzähle m i r niemals, wie ich mein Leben gestalten soll, noch irgend jemandem sonst, der aus Liebe handelt oder auch nur aus Zuneigung.

Pause

Du warst schön, weißt du. Wirklich. Damals.

Die Tochter öffnet den Mund, wie um zu antworten, überlegt es sich anders, wendet sich ab.

Stille, während man über das Gesagte nachdenkt.

DIE GELIEBTE *mit ein wenig Freude, aber eigentlich, um alle zurückzubringen* Meine Eltern leben beide noch – fällt mir plötzlich ein. Sie sind beide nicht ... besonders rüstig, sie leben für sich, meistens, und das Sehvermögen meines Vaters ist so, daß er, falls er sich mit dem Auto überhaupt auf die Straße traut, auf der Mittellinie fährt. Oh, da sehen sich die anderen Autofahrer vor. Sie hat gelernt, daß ein Anschnauzer bei ihm gar nichts nützt, und das eine Mal, als sie das Steuer ergriff, in der Meinung – erzählte sie mir später – sein Linksdrall werde ausgeprägter als je zuvor, widersetzte er sich, und das Resultat waren Schlangenlinien und Gehupe und ein Graben oder Randstein, eins von beiden, und ziemlich schweres Geschnaufe.

DER BESTE FREUND Warum fährt nicht s i e ?

DIE GELIEBTE *lächelt ein wenig* Nein. Sie könnte es lernen, aber ich vermute, sie sitzt lieber neben ihm und sieht die Welt auf seine Weise.

DIE TOCHTER *trocken* Warum geht sie nicht zu Fuß oder nimmt ein Taxi oder fährt einfach nicht mit?

DIE GELIEBTE *weiß, daß sie verspottet wird, zieht aber eine Belehrung dem Zurückschlagen vor* Oh, sie liebt ihn, verstehen Sie. *Lacht wieder* Mein Großvater starb erst letztes J a h r.

DIE TOCHTER *gefaucht* Ach, hören Sie a u f !

DIE GELIEBTE *beherrscht* B i t t e hören Sie auf, mir zu sagen, ich soll aufhören. *Allgemein* Er war hundertdrei, der Vater meiner Mutter, und er war keineswegs wie jene Hundertjährigen, über die man ständig liest: ein Kopf voller schneeweißer Haare, immerzu holzhackenderweise im Freien, wenn sie nicht gerade ihre vierte Frau begraben oder ein verdienstvolles Werk am Amazonas vollbringen, kein bißchen. Er war ein ätherischer kleiner Mann, den keiner von uns besonders gut leiden mochte – nicht einmal meine Mutter –, der wohl eines Tages heiliggesprochen würde, wenn Luther nicht gewesen wäre; ein winziger Mann mit dem Gesicht eines verhungernden Kindes und blonden Haaren, die nie weiß werden, die sehr schütter sind, und Knochen, so schien es, von feinstem Porzellan; denn er stürzte, als er zweiundsiebzig war, und tat seinem Becken an, was man einer Teekanne antäte, ließe man sie auf einen Klinkerboden fallen.

DER ARZT *stellt eine Tatsache fest, sonst nichts* Knochen trocknen aus.

DIE GELIEBTE Ja, das müssen sie wohl; denn er legte sich ins Bett – vielmehr: er w u r d e hineingelegt – und da lag er einunddreißig Jahre lang. Er wollte immerzu, daß man ihm vorlas.

DIE FRAU *Sie versucht, zwei Wörter vernünftig herauszubringen, bricht dabei aber immer wieder in hilfloses Gelächter aus. Sie hält sich den Mund zu und ihr Blick wandert unstet von einem zum andern. Die Wörter sind*

Armer Mann!

Sie beruhigt sich schließlich, doch ein Blick auf ihre Tochter, die sie mit Abscheu anstarrt, löst einen neuen Lachanfall aus; diesen bringt sie etwas leichter unter Kontrolle.

DIE GELIEBTE *nachdem der zweite Anfall sich gelegt hat, ganz ernsthaft* Pscht, sachte ... Wie gesagt: Er wollte immerzu, daß man ihm vorlas.

Die Frau unterdrückt während des Folgenden Gekicher.

Das war für seine Familie und für seinen sich ständig lichtenden Freundeskreis nicht leicht, denn er war schwerhörig, und man mußte brüllen ... *Sie hält den rechten Zeigefinger in die Höhe* ... und obendrein, obendrein wußten alle, daß er die Sehschärfe eines Hühnerbussards hatte.

Auch der beste Freund fängt jetzt ein wenig zu kichern an.

DIE TOCHTER Hör auf!

DIE GELIEBTE Also mußte man zu guter Letzt natürlich Leute einstellen.

DIE TOCHTER *da die Frau lacht* Hör auf!

DIE FRAU *sie kann den hysterischen Lachanfall nicht länger beherrschen* Ein Hühnerbussard?!

Ihre neuerliche Explosion von Gelächter genügt, um auch den Sohn anzustecken, wenn auch in geringerem Maße, den Arzt und die Krankenschwester.

DIE TOCHTER Hört auf!

DIE FRAU Es ist nicht w a h r, oder?!

DIE GELIEBTE *indem es auch mit ihr durchgeht* Nein. Kein Wort!

Anmerkung: Während dieses Gelächter auf jene, die es beobachteten, den Eindruck, und bei jenen, die es durchmachten, die Empfindung des sich selbst erzeugenden Gelächters hervorrufen sollte, das unter Marihuana möglich ist, sollten wir uns bewußt sein, daß es in Wahrheit durch höchste Spannung verursacht wird, durch Erschöpfung, äußerste Traurigkeit und existentielle Erkenntnis; mit anderen Worten ...: der Grund, weshalb wir immer so reagieren.
Weitere Anmerkung: Diejenigen, die am wenigsten ungehemmt lachten, sollten überaus jäh aufhören, die Heiterkeit des Sohnes könnte jedoch länger anhalten als die der meisten. Die Frau und die Geliebte legen sich gegenseitig einen Arm um die Schultern.

DIE TOCHTER *hat während des zu Ende gehenden Gelächters unaufhörlich wiederholt* »Hört auf, hört auf; hört auf, ihr Scheißnutten!«, *hauptsächlich an die Mutter und die Geliebte gerichtet, aber auch an den Sohn, die Krankenschwester, den besten Freund und den Arzt. Sie hat offenkundig alle gemeint; denn während man sich allmählich beruhigt, nicht ohne gelegentliches Auflachen gegen die Tochter, bleibt die Lautstärke der Tochter unverändert, so daß zum Schluß lediglich ihre Stimme zu vernehmen ist, nur ihre*
Aufhören, aufhören; hört auf, ihr Nutten, ihr dreckigen... ihr Drecksäue, ihr laßt zu ... ihr ... ihr ... *bricht ab*

DIE FRAU *sie ist die erste, die aufhört; auf die Tochter fixiert* Du! Du hörst auf!

DIE TOCHTER Ihr Nutten! Ihr beschissenen ... *hält inne, kommt zu Bewußtsein*

DIE FRAU *ein ruhiges, posthysterisches Lächeln* Warum gehst du nicht nach Hause zu deinem eigenen Unflat? Du ... du ... trauriger Ableger! *lehnt sich zurück, mustert sie kalt*

DIE TOCHTER *nur noch Wut jetzt* Deine Ehrbarkeit ist ... sie ist unglaublich, wahrhaftig. Beispielhaft für die Welt. Deine Spießerselbstgefälligkeit, deine Exklusivität. Du bist unglaublich! Ihr alle!

DIE FRAU *ruhig, scheinbar gleichgültig* Nun, ja, da du nichts anderes zu tun hast, warum läufst du nicht hinunter und berichtest der wartenden Presse über ... unsere Ehrbarkeit? Und wenn du schon dabei bist, erzähle ihnen auch etwas über deine eigene.

DIE TOCHTER *so intensiv, daß sie es kaum zwischen den Zähnen hervorbringt* Diese Frau kam und nahm mir ... meinen ... *V a t e r !*

DIE FRAU *nach einer Pause, nicht traurig; ein wenig erschöpft, leer vielleicht* Ja. Meinen M a n n. Falls du dich erinnerst. *Seufzt* Und das ist ein großer Unterschied. Vielleicht hat dein Gigolo Menschen, die sich etwas aus ihm machen, sich um ihn sorgen; die gehen mich nichts an; d i c h vielleicht, obwohl ich das bezweifle. I c h ... mache mir etwas aus dem, was h i e r geschieht. Diese Frau liebt meinen Mann – wie i c h – und sie hat ihn glücklich gemacht ... wie i c h. Sie ist gut und anständig und nicht von Neid und Selbstverachtung getrieben ...

DIE TOCHTER *wieder einem Wutanfall nahe* ... wie gewisse Leute?!! ...

DIE FRAU ... Jawohl. Wie g e w i s s e Leute.

DIE TOCHTER *eine steckengebliebene Grammophonplatte* Wie d u ? ! Wie d u ? ! Wie d u ? !

DIE FRAU *schließt für einen Augenblick die Augen, wie um die Töne auszusperren* Irgendwo unter dem Schutthaufen, den du bisher aus deinem Leben gemacht hast, mußt du einen Instinkt haben, der dir sagt, warum sie zu uns gehört. Nein? Sie l i e b t uns. Und wir lieben s i e.

DIE TOCHTER *eine rauhe, tiefe Stimme* Liebst d u m i c h ? *Pause. Ihr Ton wird wilder.* Liebt mich i r g e n d j e m a n d ?

DIE FRAU *ein heiteres, kleines, halb unterdrücktes Lachen entschlüpft ihr. Ihr Ton wird sofort ernst* Liebst d u irgend jemanden?

Ein Schweigen.

Die Tochter bleibt einen Augenblick stehen, schwankend, kaum wahrnehmbar zitternd, dann macht sie auf dem Absatz kehrt, öffnet die Tür und schlägt sie hinter sich zu.

DER BESTE FREUND *während die Frau seufzt, ergreift er die Hand der Geliebten*

Tut sie es? Geht sie hinunter und berichtet der wartenden Presse?

DIE FRAU *echte Neugier* Ich w e i ß nicht. Ich glaube nicht, daß sie das täte. Aber ich w e i ß es nicht.

Lacht wie vorher.

Ich habe vorhin gelacht, weil es so unwahrscheinlich war. Ich hatte eine Tante, eine launische Dame, aber mit Grund. Sie starb mit sechsundzwanzig –, das heißt, im Herzen starb sie, oder in welcher Gehirnpartie auch immer, die die Seele beherrscht. Sie machte weiter, wahrte den äußeren Schein und mit zweiundsechzig wurde ihr endgültig das Lebenslicht ausgeblasen, bei einem Autozusammenstoß, herausstaffiert in Reithosen und schwarzer Melone, gelber Halsbinde mit Fuchskopfnadel, am Steuer ihres altehrwürdigen Automobils, dem alten silbergrauen Tourenwagen, dem Kabriolett mit der Scheibe zwischen Vorder- und Rücksitz, auf dem Heimweg vom Stall, vom Springen, ging in die Kurve, krachte frontal in den Bäkkerlieferwagen, Semmeln und Blut, ihr sechsundzwanzigjähriges Herz entleerte sich aus ihrem zweiundsechzigjährigen Körper auf die Fuchskopfnadel und den Schotterbelag und das Benzin und auf alle über die Landstraße verstreuten Pappschachteln.

Kleine Pause

»Liebt mich irgend jemand?« fragte sie einmal, früher, als ich neun war oder zehn. Es waren noch andere von uns im Zimmer, aber die waren daran gewöhnt. »Liebst du irgend jemanden?« fragte ich zurück. Ohrfeige! Dann Tränen – ihrerseits und meinerseits. Meinerseits nicht über den Schmerz, sondern über ... die Unverschämtheit. Ihrerseits ... über beides: Unverschämtheit und Schmerz.

DIE GELIEBTE *nach kurzem Schweigen* Ja.

Die Tür fliegt auf, die Tochter schießt ins Zimmer und läßt die Tür weit offen.

DIE TOCHTER Erzähle DU es ihnen!

Zwei Fotografen und ein Reporter treten unsicher ein; in dem Augenblick, der vergeht, bis die Versammelten zu einer Reaktion imstande sind, kommen sie einen oder zwei Schritte herein.

Dann gerät das Zimmer in Bewegung. Der Arzt und die Krankenschwester bleiben, wo sie sind, aber erstarren. Der Sohn steht von seinem Sessel auf. Der beste Freund macht einen oder zwei Schritte vorwärts. Die Frau und die Geliebte erheben sich, sind auf dem Sprung.

DER BESTE FREUND Machen Sie, daß Sie wieder hinunterkommen. Sie können nicht hier herein ...

Aber es sind die Frau und die Geliebte, die den ersten Schritt tun.

DIE FRAU *wahrhaftig die Stimme einer Bestie* Ver ... schwin ... den. ... Sie!

Die beiden Frauen greifen an, fallen mit Fäusten und Füßen über die Eindringlinge her, und eine tierhafte Raserei in ihnen vervielfacht ihre Kräfte. Der Kampf ist kurz, aber heftig. Einem der Fotografen wird die Kamera aus der Hand geschlagen und bleibt am Boden liegen, während die drei Männer sich zurückziehen. Die Frau zwängt die Tür ins Schloß, dreht sich um und lehnt sich an ihr an. Die Tochter wendet dem Zuschauerraum den Rücken zu; zu ihren beiden Seiten stehen die Frau und die Geliebte, ihr zugewandt. Kein Wort. Schweres Atmen. Beinahe ein lebendes Bild.

DIE FRAU *schließlich ein tierischer Laut: Raserei, Pein* AARRRGGGHHH.

Zwei Sekunden Stille

Vorhang

II. Akt

Die Szene: Dieselbe wie vorher, fünfzehn Minuten später. Der Arzt und die Krankenschwester sind beim Bett, schlafen halb im Stehen; vielleicht ist der Arzt aber auch in einem Sessel am Bett eingeschlafen. Der beste Freund steht am Kamin und starrt ins Feuer. Die Frau döst in einem Sessel. Die Geliebte sitzt in einem Sessel beim Kamin. Die Tochter sitzt in einem von den anderen etwas abgerückten Sessel, dem Zuschauerraum zugewandt, der Sohn massiert ihr die Schultern. Es scheint sehr spät zu sein: die Erschöpfung hat alle überwältigt; selbst wer wach ist, scheint in einem Traumzustand zu sein. Was jemand sagt, wird von einem anderen nicht sofort aufgenommen.

DER SOHN *sanft* Du hättest das nicht tun sollen. Wirklich nicht. Du weißt es.

DIE TOCHTER *entschieden nicht erpicht, darüber zu sprechen* Wirklich nicht, ich weiß es. Zarter.

DER SOHN Egal, wie dir zumute ist.

DIE TOCHTER Ich w e i ß. Ich habe g e s a g t, ich w e i ß.

DER SOHN Wenn sie es geschafft hätten, hereinzukommen ...

DIE TOCHTER Nicht bei unseren Schildwachen. Dazu braucht es eine Armee.

Egal, wie dir zumute ist.

DIE TOCHTER *schlaff* Mir ist zumute ... wie dir als Junge zumute gewesen sein muß, in der Schule, und du wieder mal durchgefallen warst ... oder rausgeschmissen worden, weil irgend etwas bewiesen werden sollte und dir nicht ganz klar war, was. So ist mir.

Ohne jede Emotion Ich fühle mich wie ein Kind: aufsässig, mißverstanden und durchschaut, ach, durch und durch; randvoll und ... leer. Ich weiß Bescheid über mich, Irrtum ausgeschlossen. Ich bin alles, was du von mir hältst, jeder einzelne von euch, und noch viel mehr.

Nachträglicher Einfall Mich wundert, warum sie mich nicht umgebracht haben, die beiden.

DER SOHN Hier liegt schon genug Tod in der Luft.

DIE TOCHTER Oh, ich weiß nicht. Differenzierter. – Wer weiß, wahrscheinlich kann ich jetzt meine eigenen Wege gehen, ohne ein Wort oder einen Blick von einem von euch. Eine »Unperson« zu sein, h a t sein gutes. Meine eigenen Wege gehen. Was für eine Erlösung.

Ironisch Um auf meine Nestbeschmutzung zurückzukommen ...: Ausgerechnet s i e ! Bringt Schande über eine so berühmte Familie, die es aus eigener Kraft geschafft hat – na ja, zumindest jener einzige, auf den es ankam –, nur sich selbst Rechenschaft schuldig, der puritanischen, sittsamen Seele. Wie heißt es ...? »Seit aus uns geworden ist, was wir sind, sind wir doppelt verwundbar; es gibt kein Zurück für uns, denn wir sind keine Privatmenschen mehr, und die Welt hat ein Auge auf uns.« Herrgott, man könnte meinen, wir seien nur scheinbar sterblich, e r ist der einzige, auf den es ankommt, und er ist nur allzu sterblich, das wird sich bald erweisen. Und das Auge der Welt! Die Augen hängen mit dem Gehirn zusammen, glaube ich, und das Ungeheuer ist schwerfällig in diesen Tagen, völlig verwirrt und entmutigt, übelgelaunt, aber zugänglich. V o l k s h e l d e n vielleicht, aber nicht seinesgleichen, viel zuviel hier o b e n. Falls du das nicht gleich begreifen kannst – einen Zusammenhang herstellen kannst, du lieber Himmel –, laß es einfach gelten, aber brüte nicht darüber. In den Mülleimer, schon überholt. Ach, ich werde froh sein, wenn er nicht mehr da ist – nein, nein, nicht aus den gräßlichen Gründen, nicht aus all euren Fehlurteilen über mich, sondern einfach, weil dann das Familienfoto weggeworfen werden kann, die standhafte Sippe, und ich sein kann, was mir beliebt, nur halb soviel Mißfallen errege, ohne Öffentlichkeit. D u kommst nicht in die Zeitung, weil du irgend jemandes Sohn bist, es sei denn, du wirst wegen etwas Ernstem verhaftet o d e r etwas Berichtenswertem. Und ich auch nicht. Ich werde meinen Mann haben – so wie er ist, und so wie ich ihn brauche –, und nur Mutter wird wirklich Anstoß nehmen. Wir werden einander weniger sehen, wir alle, und schließlich überhaupt nicht, denke ich – außer bei ... Anlässen. Was immer wir verachten, ist dann unsere Sache. Das kannst du auch, wahrscheinlich sehr bald ... sobald all d a s zu Ende ist.

DER SOHN W a s kann ich ...

DIE TOCHTER Kündigen ... Du bist dann reich genug. Oder willst du so weitermachen, auch wenn er nicht mehr da ist? Ist das dort nicht sinnlos für dich? Bist du nicht überflüssig?

DER SOHN *schiefes kleines Lachen* Wahrscheinlich. Es gefällt mir nicht sehr, ich fühle mich nicht zugehörig; aber es ist immerhin eine Möglichkeit, von zehn bis sechs die Zeit totzuschlagen und alles zu umgehen, was ich mit Sicherheit täte, wenn ich das nicht hätte ... *lächelt ein bißchen* ... diese Dämonen in mir.

DIE TOCHTER *lacht ein wenig* Ach, diese Dämonen. Du bist auch nicht anders.

Wendet sich dem besten Freund zu Wirst du ihn behalten — ... *leicht spöttisch* ... in der Firma — wenn ... das alles vorbei ist, und du unserem Vater gegenüber keine Verpflichtungen mehr hast? Oder hast du dein Wort verpfändet, es für alle Zeiten dabei zu belassen?

DER BESTE FREUND *ruhig* Ich habe kein Wort verpfändet. Dein Bruder ißt bei mir kein Gnadenbrot.

Zum Sohn Du bist doch nicht der Meinung, oder? Du erfüllst deine Stellung sehr anständig und du wirst sehr anständig dafür bezahlt. Wenn du aus freien Stücken weggehst, wird natürlich nichts ins Wanken geraten, noch werde ich, was das betrifft, einen ... besonderen Verlust erleiden, aber das wissen wir voneinander, nicht wahr? Es hat jedoch niemand vor, dir den Laufpaß zu geben. Das sähe deiner Schwester ähnlich.

Zur Tochter Verlange nicht von mir, jetzt darüber zu sprechen.

DER SOHN *zum besten Freund, sehr einfach* Ich habe nicht gewußt, daß du dir nichts aus mir machst. Ich glaube, ich habe mir immer eingeredet ... na ja, wir alle seien eine Art Familie und ... *zuckt die Achseln*

DIE TOCHTER *trauriger Rat* Rede dir nichts ein.

DER SOHN Ach, ist nicht so wichtig.

DER BESTE FREUND *ein wenig ungeduldig* Habe ich gesagt, daß ich mir nichts aus dir mache? Ich glaube, ich habe gesagt, ich würde keinen Verlust erleiden, wenn du weg wärst. Mir können Verluste nicht mehr viel anhaben

Er wendet sich wieder dem Kaminfeuer zu.

DER SOHN Verzeih mir. Das hast du gesagt.

Zur Tochter Genug? Noch mehr?

DIE TOCHTER Ähäm.

sinnlich, während er ihren Nacken massiert Sie waren Tiere, und ich erlebte einen Augenblick ... ungeheuer aufregenden Grauens, ganz ähnlich wie damals, als ich über die Chinesen las und ihre Meisterschaft, einen Menschen am Leben und bei Bewußtsein zu halten, bei Bewußtsein, stundenlang, während sie ihm die Haut vom Körper abziehen. Sie binden ihn an einen Pfahl.

DER SOHN Weshalb?

DIE TOCHTER Damit er nicht wegläuft, nehme ich an. Ich bin nicht, was üblicherweise als Masochist gilt, auch wenn sie es glaubt. Ich will sagen: ein Rippenbruch tut wirklich weh, und jeder über zwölf weiß, was ein blaues Auge bei einer Dame bedeutet. Ich schwärme für keins von beidem. Aber ich liebe die Schuldgefühle über alles, die ich bei denen hervorrufe, die mir den Schmerz zufügen. *Plötzlich ein kleines Mädchen* Mutter?

DER SOHN Sie schläft.

DIE TOCHTER *wendet sich der Geliebten zu* Sie nicht.

DIE GELIEBTE *kommt zurück* Hm?

DIE TOCHTER Sie nicht, oder? Sie schlafen nicht.

DIE GELIEBTE *nicht feindselig, immer noch halb abwesend* Nein. Ich bin viel zu erschöpft.

DIE TOCHTER *zum Sohn, klagend* Weck Mutter auf.

DER BESTE FREUND *sotto voce* Laßt sie schlafen, um Himmels willen!

DIE GELIEBTE *leise Stimme, kühl* Wollen Sie schon wieder anfangen? Haben Sie irgendeine neue Belustigung für uns?

DIE TOCHTER *schwerer Seufzer* Ich möchte ihr sagen, daß es mir leid tut.

DIE GELIEBTE Ich bin fast sicher, sie weiß das. Schon seit Jahren.

DIE TOCHTER Trotzdem ...

DIE GELIEBTE Sie halten hier niemanden zum Narren.

DIE TOCHTER *leicht beißend* Sie sind nie eine Mutter gewesen.

DIE GELIEBTE *lächelt* Und Sie auch nicht. Aber Sie sind ein weibliches Wesen.

DIE TOCHTER Und der schöne Urinstinkt ist immer vorhanden, stimmt's?

DIE GELIEBTE Es stimmt.

DIE TOCHTER Aber Sie sind eine Ehefrau gewesen, zweimal, wenn ich mich recht entsinne, die Abenteuer wilder Ehen nicht gerechnet. Wieviel Männer haben Sie hinter sich gebracht, hm? Keine Scheidungen, Sie nicht. Sie beerdigen sie einfach.

DIE GELIEBTE *ruhig, aber eindringlich* Passen Sie auf, junge Dame: es gibt Dinge, von denen Sie keine Ahnung haben, Dinge, die Ihnen einfallen könnten, wären Sie nicht so ... von sich selbst beherrscht. Sie schlagen um sich – was eine Tugend sein kann, ich gebe es zu, vom Radau abgesehen, falls es zum Selbstschutz geschieht und nicht aus Rachgier ...

DIE TOCHTER *um ihr die Rede abzuschneiden* Schon gut, schon gut.

DIE GELIEBTE ... aber Sie sind leichtfertig, nicht nur im Umgang mit Tatsachen, sondern auch mit sich selbst. Was für Worte werden Ihnen schließlich bleiben, wenn Sie sich ihrer nur zum Töten bedienen? Was für Worte werden Sie sich abringen, wenn der Tag kommt, wie vorauszusehen, Sie Arme, an dem Sie plötzlich entdecken, daß Sie schon lange verliebt sind – oh, seit, sagen wir einer Woche, und es nicht gewußt haben, weil die Symptome Ihnen nicht vertraut waren, Dilettantin, die Sie sind? Barmherzige Liebe, meine ich, von jener Art, die man nicht als Belohnung aufsparen kann oder als x-beliebige Waffe gebrauchen. Was für einen Wortschatz werden Sie dafür haben? Vielleicht werden Sie stumm sein, viele sind es – die seelisch Verkrampften – in einem fremden Land, auf Phrasen aus dem Baedeker angewiesen; oder vielleicht wird es bei Ihnen traumähnlich sein – alptraumähnlich –: Kiefersperre, zugeschnürte Kehle, wissend, daß, welches Wort auch immer Sie benützen, welche Redewendung auch immer Sie verwenden, nichts so herauskommen wird, wie Sie es dann meinen, sondern wie Sie es früher gemeint haben; daß »ich liebe dich, ich brauche dich«, gleichgültig wie freudig gemeint, sich anhören wird wie das Knurren eines verwundeten und verwundenden Tieres. Sie gingen am besten noch einmal zur Grundschule.

DIE TOCHTER *mit Verachtung; sich selbst zuwider* Oh, dazu bin ich sehr viel zu alt, nicht wahr?

DIE GELIEBTE *achselzuckend* Vielleicht. Es geschähe Ihnen recht.

DIE TOCHTER Ihre Ignoranz ist auch nicht unbeträchtlich, glauben Sie mir. Sie haben nicht allzuviel Kontakt gehabt – außer mit i h m, und er ist kaum jemand, durch den man mit der Zeit Schritt hält.

DIE GELIEBTE Wie wahr. Aber immerhin – und ich s a g e das nicht gern, wirklich nicht –, falls Sie nicht auf i r g e n d - eine Weise einmalig sind, I h r e n Typ kenne ich.

DIE TOCHTER *ruhig* Fahren Sie sich in den Arsch. *Zum Sohn* Du hast aufgehört.

DER SOHN *fängt nicht wieder an* Ja. Die Finger tun mir weh.

DIE TOCHTER *ohne Emotion* Du warst nie zu irgendwas zu gebrauchen.

DIE GELIEBTE *zum besten Freund, scheinheilige Arglosigkeit* Wie soll ich das anstellen, möchte ich wissen?

DER BESTE FREUND *trocken, müde* Es wird eigentlich meistens zu Männern gesagt; aber selbst dann ist es nur eine Redensart.

Er schüttelt den Kopf, wendet sich wieder dem Feuer zu.

Z i e h e n Sie mich nicht hinein, bitte nicht.

Der Arzt ist auf die anderen zugekommen. Er bleibt einen Augenblick stehen.

DER ARZT *ruhig* Das ist hochinteressant, wirklich.

DER SOHN *leise, aber erschrocken* Was?

DER ARZT Sein Herz hat ausgesetzt ... drei Schläge lang. Dann fing es wieder an.

DIE TOCHTER *zum Sohn, besorgt* Weck Mutter!

DER ARZT *mit einer Handbewegung* Nein, nein. Es hat wieder eingesetzt.

DIE TOCHTER Vielleicht bist du eingeschlafen. Alt genug bist du.

DER ARZT Stimmt; aber ich bin nicht eingeschlafen. Einschlafen mit dem Stethoskop auf seiner Brust, vom Stehenbleiben und Weiterschlagen träumen? Und sofort wieder aufwachen, wachgerüttelt durch das Volumen? Nein. Sein Herz hat ausgesetzt ... drei Schläge lang. Dann setzte es wieder ein. Weiter nichts. Ich hielt es für berichtenswert.

Im Begriff sich abzuwenden, wendet er sich ihnen noch einmal zu.

Es ist interessant, wenn das vorkommt, aber nicht weltbewegend. Ich hielt es einfach für berichtenswert, das ist alles.

DIE GELIEBTE Was hat es zu bedeuten? Es muß doch ... irgend etwas ...

DER ARZT *denkt nach, zuckt die Achseln* Schwächung. Was haben Sie gemeint? Etwas wie einen bewußten Abwehrkampf?

DIE GELIEBTE *wehmütig* Vielleicht.

DER ARZT *sanft, ein Lächeln* Nei-nei-nein. Sie wissen es doch besser.

Er geht dahin zurück, woher er gekommen ist.

DIE TOCHTER Am Fernsehen erfährt man mehr.

Die Geliebte lacht ein wenig. Wirklich!

DIE GELIEBTE Wie man's nimmt.

DER SOHN *nüchtern* Man stelle sich vor: damit hätte es zu Ende sein können. *Geschwind* Ich meine nichts anderes als das Phänomen.

DIE GELIEBTE *trocken* Warum? Halten Sie nichts von Leiden?

DIE TOCHTER Weiß er es? Daß er leidet?

DIE GELIEBTE Ich habe nicht ihn gemeint.

Wendet sich erst der Tochter, dann dem Sohn zu

Ich habe Sie gemeint ... und Sie. Ich halte etwas davon, vom Leiden.

DIE TOCHTER *ruhiger Hohn* Was sind Sie? Eine Bibelgläubige, einer jener »Gott-hat-es-gewollt-also-muß-es-richtig-sein«-Sektierer, tief unter Ihrer glitzernden Oberfläche?

DER SOHN Das hat sie nicht sagen wollen.

DIE TOCHTER *wie oben* Was weißt denn du? Du bist zu nichts zu gebrauchen.

DER SOHN *zur Geliebten* Haben Sie ...? ... das sagen wollen?

DIE GELIEBTE Ich habe an mindestens zwei Dinge gedacht, wie meistens. *Zur Tochter* Keine Scheidungen, ich beerdige sie einfach? Ja, was sollte ich Ihrer Meinung nach tun? Ich weiß, Sie haben das einfach so hingesagt, Sie wollten unfreundlich sein, aber merken Sie es sich für den Fall, daß Ihr Liebhaber seine Frau los wird, Sie heiratet und stirbt. Sie sind eine Frau, aber Sie sind nie eine Ehefrau gewesen. Es ist nicht sehr erfreulich, wissen Sie, wenn es einen so plötzlich trifft – denn meine beiden Träume waren unvorhergesehen: Herzschlag und Auto.

Seufzt, fängt fast an zu lachen Ach, vielleicht ist es besser als ... *zeigt mit einer allgemeinen Geste auf den Raum* ... das. Es ist alles auf einmal vorbei, und man ist leer; man geht zur Trauer über und kein Leiden liegt dazwischen. Man kann mit einem Mann nicht mitleiden, wenn er tot ist; wenn er stirbt, ja. Der einzige Schrecken am Beteiligtsein ist ... *besinnt sich eines Besseren* ... ach, ein anderes Mal.

Pause. Tonwechsel

Sehen Sie: Sie haben mich vorhin beschuldigt, ich sei – wie heißt das altmodische Wort? – eine Nassauerin, ich hätte mir erschlichen ...

DIE TOCHTER Ich habe gesagt, v e r m u t l i c h !

DIE GELIEBTE Ja, natürlich. Aber da Sie unpräzise sind, weiß ich, was Sie gemeint haben: daß ich mit etwas Geringerem rechne, als ich von Ihrem Vater bereits empfangen habe – mit Geld, anders ausgedrückt, mit einem Teil dessen, womit Sie beide rechnen, weil Sie so gnädig waren, sich in die Welt setzen zu lassen.

Wendet sich dem besten Freund zu, ergreift seine Hand. Er starrt immer noch ins Feuer

Darf ich Sie in Anspruch nehmen?

Der beste Freund schüttelt den Kopf, läßt seine Hand wo sie ist. Sie nimmt die ihre weg.

Nein? Nun, gut.

Zurück zur Tochter Sie werden es erleben, wenn die Zeit gekommen ist. *Lacht* Ich kannte einmal eine Familie, zwei Kinder, beide gut in den Fünzigern, mit einer sterbenden Mutter, achtzig ungerade. Diese Kinder – und da ist nichts Gleichnishaftes daran, beziehen Sie es auf sich, wenn Sie wollen, aber ich hoffe, nicht –, diese ältlichen Kinder mochten sich nicht allzusehr. Die Tochter hatte, vielleicht unklugerweise, zum zweitenmal geheiratet – mittellos, viel jünger als sie, ziemlich tantenhaft für Auge und Ohr, doch vielleicht stand er seinen Mann besser als die meisten, man weiß ja nie –, aber die Gründe der Abneigung führten weiter zurück, zu einem Ursprung, der vor meiner Begegnung mit ihnen lag, und in den letzten Lebensmonaten ihrer Mutter kämpften sie um jedes Prozent ihres Testaments, ihrer Hinterlassenschaft. Aber fünfzig zu fünfzig paßte ihnen nicht, und es verschob sich auf sechzig zu vierzig – einmal auf siebzig zu dreißig, wurde mir erzählt! Die Mutter, wissen Sie, liebte beide, und jedem der beiden, der zu ihr ging, gelang es, das Gleichgewicht ins Wanken zu bringen. Doch zum Schluß kam sie genau zum Ausgangspunkt zurück — jedem die Hälfte — und alles, was dabei herauskam, war Schaden. Die Tochter war schuld daran, vielmehr die Hauptschuldige, denn sie war auf eine Weise verwöhnt worden wie Söhne selten. Aber all dies soll Ihnen nur klarmachen, daß ich kein Eindringling im Geldsinne bin. Ich habe mehr als genug — ich wurde damit geboren. Macht ihr Menschen euch nie die Mühe, Erkundigungen einzuziehen? Und ich habe Ihrem Vater gesagt, ich wollte nichts weiter als seine Gesellschaft ... und Liebe. Er war einverstanden, auch wenn Sie das sicher sehr unglücklich macht, sagte, Sie brauchten es. Also: Ich bin nicht Ihre Kaugummi kauende Wasserstoffblondine im Pailettenkleid.

DIE TOCHTER *nach einer Pause* Ich soll Sie jetzt wohl mögen, nehme ich an, in Ihre Arme sinken und ein bißchen heulen und Worte wie Reue und Vergebung rauswürgen. Da haben Sie sich die falsche Dame ausgesucht.

DIE GELIEBTE *leicht* Das wäre mir nie eingefallen, und es liegt mir wirklich nicht viel daran. Es gibt Wichtigeres für mich.

Weniger leicht Er hat mir ein Gefühl für Werte beigebracht, wissen Sie, über das hinaus, was mir immer ausreichend schien. Eiskalt, glaube ich, aber genau ins Schwarze. Ich brauchte eine ganze Weile, aber ich wußte vermutlich, daß ich das hier eines Tages durchmachen würde, also lernte ich. Und wissen Sie, was noch? Ich werde dort sein, beim Begräbnis, bei der Einäscherung, falls es nach mir geht — falls es nach ihm geht — doch so oder so: Bei diesem einen ... Ritual werde ich nicht zurückstehen.

DIE TOCHTER Das wagen Sie nicht!

DIE GELIEBTE Sie kennen mich nicht, Kind.

DIE TOCHTER Ich lasse es nicht zu.

DER SOHN *sanft* Bleib ruhig.

DIE GELIEBTE *lacht ein wenig* Es ist kein Machtwahn, der mir den Verstand geraubt hat, noch ein Abrutschen in schlechte Sitten, noch das Bedürfnis, eine Wunde wieder aufzureißen — denn die Wunde ist vernarbt, verstehen Sie, Ihre Mutter weiß das; Sie wissen es auch; Sie wüten, weil Sie sie nie offen gesehen haben, Sie finden nicht einmal die Narbe, Sie wissen nicht, wo sie w a r, das m u ß einen ja rasend machen –, nichts von alledem, sondern ich lasse mich einfach durch keine Heuchelei davon abhalten, und ich werde dort s e i n, in meinem Grau-Weißen, eine Freundin der Familie. Es wird keins jener Ihnen wohlbekannten italienischen Melodramen stattfinden, kein Getuschel, wer die abseits stehende Fremde sei, jene Frau in Schwarz, die niemand kennt, die lauter wehklagt als Witwe und Familie zusammen. Nichts davon. Ich habe immer gewußt, wo ich hingehöre und ich werde es auch dann wissen. Wecken Sie sie nicht. Lassen Sie sie schlafen.

DIE TOCHTER *während die Krankenschwester sich nähert, auf ihrem Handrücken eine Zigarette klopfend*
Sie haben recht: Ich b i n eine Dilettantin.

DIE KRANKENSCHWESTER Darf ich mich zu Ihnen setzen?
Niemand antwortet. Sie macht es sich in einem Sessel bequem, offensichtlich erschöpft. Sie zündet ihre Zigarette an, inhaliert und atmet schwer und langsam wieder aus. Vernünftige Schuhe sind praktisch, aber wenn man im hohen Backfischalter ist wie ich, hilft manchmal nichts anderes als das.

DIE GELIEBTE *schaut weg* Irgendeine Veränderung?

DIE KRANKENSCHWESTER Nein, keine. Na ja, natürlich, eine geringfügige. Es nimmt seinen Lauf, aber nichts Besonderes.
Schaut den Sohn an Sie sind viel zu dick, vielmehr zu schwer.

DER SOHN *sachlich* Meine sitzende Lebensweise.

DIE KRANKENSCHWESTER Essen Sie weniger, machen Sie Isometrik. Sie überstehen ja Ihre Fünfziger nicht.

DER SOHN *ruhig, ein Echo von irgend etwas* Vielleicht nicht?

DIE KRANKENSCHWESTER Na ja, ich bin auch nicht grade Haut und Knochen, aber bei einer Frau ist es was anderes: unser Herz ist besser. Essen Sie Fisch und rohes Gemüse und Obst. Lassen Sie alles bleiben, was Sie mögen.
Nachträglicher Einfall Außer Sex, davon soviel wie möglich: Fisch, rohes Gemüse, Obst und Sex.

DER SOHN *verlegen* Da-danke schön.

DIE KRANKENSCHWESTER Eier, rohes Fleisch, Milch-Käse-Butter, Nüsse, fast jederlei Stärke, außer Kartoffeln und Reis ... alles schlecht für Sie, links liegen lassen. Zwei Gläser Whisky vor dem Abendessen, ein Glas guter Burgunder d a z u und Sex vor dem Schlafengehen. Damit schaffen Sie es, das hält Sie auf dem Damm.

DER SOHN Für?

DIE KRANKENSCHWESTER *ziemlich verwundert über seine Frage* Bis es für Sie an der Zeit zum Sterben ist. Man muß ja nichts überstürzen.

DIE TOCHTER *Blick nach oben, rollt den Kopf von einer Seite zur anderen; durch die Zähne* Tod, Tod, Tod, Tod, Tod ...

DIE KRANKENSCHWESTER *zieht an ihrer Zigarette* Tod, ja. Ach, er trifft uns mitten ins Leben, nicht.

Ein Geräusch schreckt alle auf. Es kommt von der Frau. Es ist ein scharfes, ausgeatmetes »Ha-ah«. Das erste entfährt ihr, während sie noch in ihrem Sessel schläft. Sie schießt kerzengerade hoch, ist wach. Sie tut es noch einmal: »Ha-ah«.

DIE FRAU *völlig wach, aber immer noch etwas verwirrt* Ich habe g e s c h l a f e n. Ich h a b e g e s c h l a f e n. Ich habe geträumt, und ich träumte, ich schlafe, und das weckte mich. Habe – habe ich ... ist alles – alles ...

DIE KRANKENSCHWESTER Es ist alles in Ordnung. Schlafen Sie weiter.

DIE FRAU Nein, ich darf nicht, ich kann nicht.

Sie steht auf, ein wenig unsicher, und geht auf den Arzt zu. Ist alles in Ordnung, ist ...

DER ARZT Alles ist in Ordnung. Wirklich.

Die Frau gesellt sich zur Gruppe der anderen, erblickt die Tochter, bleibt stehen, schaut sie mit kaltem Abscheu an, geht zur Geliebten und zum besten Freund, legt der Geliebten abwesend eine Hand auf die Schulter, blickt auf den Rücken des besten Freundes, dann zur Krankenschwester.

DIE FRAU *zur Krankenschwester, kein Vorwurf* Sollten Sie nicht dort hinten sein?

DIE KRANKENSCHWESTER *lächelt* Wenn ich sollte, dann wäre ich.

DIE FRAU Ja. Entschuldigung.

Allgemein, eigentlich zu niemandem Ich habe von so vielem geträumt, seltsam und ... und ja, daß ich einkaufen ging, eine Art Garn, eine Sorte, die nicht mehr hergestellt wird, und ich wußte das, aber ich dachte mir, sie hätten vielleicht in einem Hinterzimmer noch davon. Ich konnte mich nicht an den Namen des Herstellers erinnern, und das erleichterte es natürlich nicht. Sie zeigten mir einige, die ganz ähnlich waren, besonders eines, für das ich mich fast entschied, aber dann doch nicht. Sie bemühten sich hilfsbereit um mich; man pflegte das ein Kurzwarengeschäft zu nennen, und es nannte sich auch so, und ich entsinne mich eines spezifischen ... keines Geruches, sondern Duftes in dem Laden, eines Duftes, den ich nur als kleines Kind kannte, also war ich eindeutig in der Vergangenheit, und als sie mir nicht dienlich sein konnten, fragte ich, ob ich nach hinten gehen könne, ins Lager. Sie lächelten und sagten: selbstverständlich, und ich trat durch einen Musselinvorhang ins Lager, und das war überhaupt nicht, wie ich es mir vorgestellt hatte —: Regale mit Pappschachteln, Zwirnrollen, Stoffballen, viele Schachteln mit Etiketten, andere mit angeklebten Knöpfen an der Stirnseite zur Bezeichnung des Inhalts —, nichts davon; es gab nur Büchsenobst und -gemüse, Erbsen und Karotten und grüne Bohnen und Wachsbohnen und Flaschen mit Chilisauce und Ketchup und Büchsenfleisch und alles mögliche, was ich nicht erwartet hatte und mir nichts nützte. Also trat ich wieder durch den Musselin und in das Wohnzimmer, das unsere Familie besaß, als ich ungefähr zwölf war, ein Jahr, bevor wir umzogen. Es war das Zimmer, in dem meine Tante mich geohrfeigt hatte, und ich spürte, daß ich schlief, und das weckte mich.

DER SOHN *geht auf eine Tür neben dem Kamin zu, Bühnenhintergrund* Verzeihung.

DIE GELIEBTE *wehmütig* Träume.

DIE FRAU *ein wenig traurig* Ja.

Der Sohn schließt die Tür hinter sich.

Wendet sich dem besten Freund zu Geht es dir gut?

DER BESTE FREUND *reckt sich, dreht sich schließlich um, seufzt* Ich glaube. Wenn man versucht, alles auszuschalten, geht es wieder. Ich war kurz vor einem Tobsuchtsanfall — vor einer Weile —, nicht wegen dem, was s i e angerichtet hat ... *zeigt auf die Tochter* ... oder wegen der Schwester meiner Frau, oder mir s e l b e r , nebenbei bemerkt, oder ... *zeigt allgemein in die Runde* ... dem allem, sondern ganz allgemein, als ob mein Gehirn kotzen müßte, und ich dachte, wenn ich mich ganz still verhielte — wie als Kind, wenn ich spürte, daß mir aus irgendeinem Grund gleich übel wurde –, würde es weggehen. Nun ja, nein, nicht weggehen, sondern . . . sich legen.

Lächelt, traurig Es hat sich gelegt, glaube ich, ein wenig.

DIE TOCHTER *schüchtern, tastend* Mutter?

DIE FRAU *winzigste Pause, um anzudeuten, daß sie gehört hat. Spricht zum besten Freund.* Ich habe dich also aufgebracht. Es tut mir leid; was ich sagte, war nicht schön. Aber du verstehst es schon . . . so gut wie die anderen.

DIE TOCHTER *immer noch ruhig bittend, aber es liegt schon Gereiztheit darin* Mutter.

DIE FRAU *wie vorher* Und dich a u s z u s c h l i e ß e n, war nie meine Absicht, aus irgendeinem grausamen Grund, meine ich. Ach, ich habe mir vielleicht sogar eine Verbindung mit dir gewünscht . . . *zeigt auf die Geliebte* . . . eine so enge wie die unsere, zu der wir uns jedoch nie bekannten, über die wir uns nie aussprachen –, ganz sicher, denn wir haben so viel voneinander zu lernen . . .

DIE TOCHTER *ein Knurren der Frustration und des wachsenden Zorns* Muuuutterrr!

DER BESTE FREUND Antworte ihr lieber. Sonst geht sie wieder hinunter.

DIE FRAU *gelassen, lächelt ein wenig* Nein. Sie hat das einmal getan, ein zweites Mal gelänge es ihr nicht; aus keinem anderen Grund, als dem, daß du sie nicht durch die Tür ließest . . . nicht wahr.

Pause, da der beste Freund zusammenzuckt, traurig lächelnd. Außerdem würde es niemanden mehr erschüttern, nur anöden. Sie schlüge mit den Fäusten in den Wind.

DIE TOCHTER *kerzengerade aufgerichtet in ihrem Sessel, die Hände um die Armlehnen geklammert, die Halssehnen angespannt. Ein Geheul* MUUUUTTERRRRR!

DIE GELIEBTE *nach einer Pause, sanft* Antworten Sie ihr doch.

DIE FRAU *klopft die Geliebte zart auf die Schulter, schaut die Tochter an, spricht wehmütig, ohne den Blick einmal von ihr abzuwenden* Vielleicht spreche ich nie wieder mit ihr. Ich bin nicht sicher, jetzt – ich habe anderes im Kopf –, aber die Wahrscheinlichkeit ist groß. Ich spreche selten mit Fremden, und sollte sich einer in einer Stunde der Gefahr oder Trauer familiär gebärden, ich würde rasend.

Spricht jetzt zur Geliebten Nun ja, ich nehme an, wenn ich auf meinem Weg zur Grabstelle stolperte und einer – sie – mich am Ellbogen nähme, um mich vor dem Fallen zu bewahren, ich würde vielleicht danke sagen, den Blick geradeaus gerichtet. Ist jedoch unwahrscheinlich, nicht ...? ... das Stolpern?

Kleines Lächeln, stiller Triumph.

Nein, ich glaube nicht, daß ich wieder mit ihr sprechen werde.

Die Tochter steht auf. Die Frau und die Geliebte beobachten sie. Die Tochter scheint ausgelaugt und sehr müde; sie steht einen Augenblick und geht dann langsam zum Sessel oder Sofa im Hintergrund, der oder das kurz vorher von der Frau verlassen worden ist; sie wirft sich darauf, dreht sich auf den Rücken, legt einen Arm über die Augen, bleibt regungslos.

DIE FRAU *leise* So weit, so gut.

Direkt zum Hinterkopf der Geliebten gesprochen Sie beachten: Ich h a b e Grabstelle gesagt, und ich rede nicht von einer Aschenurne.

DIE GELIEBTE *kleines Lächeln* Ich weiß. Ich habe Sie gehört.

DIE FRAU *beinahe um Entschuldigung bittend* Da w e r d e ich mit Ihnen kämpfen, gleichgültig, was Sie mir erzählen, gleichgültig, was ein Briefumschlag enthüllen mag: Ich setze meinen Willen durch. Keine Glaubensfrage noch Abneigung, lediglich ein Willensakt.

DIE GELIEBTE *sanft* Ach, ich werde das mit Ihnen nicht jetzt erörtern.

Der Sohn erscheint, schließt die Tür, lehnt sich an sie, flach angedrückt, Kopf erhoben, Blick zur Decke. Schluchzen beutelt ihn, und er hat ein zerknülltes Taschentuch in der Hand.

DER SOHN *vor Schluchzen kaum imstande, es herauszubringen* Es ist alles ... immer noch da ... alles ... genau wie es ... war.

Ziemlich plötzlich gelingt es ihm, sich zu beherrschen; dies hat keine komische Wirkung; es hat ihn offenkundig ungeheure Selbstüberwindung gekostet. Seine Stimme ist nicht ganz fest, zittert ein- oder zweimal, aber er hat sich in der Hand.

Es tut mir leid, ich benehme mich ganz und gar lächerlich, es tut mir leid. Es ist ... nur ... — alles ist immer noch da, genau wie ich es in Erinnerung habe; nicht wie ich es vielleicht zum letztenmal sah — wann? ... vor zwanzig Jahren? — sondern wie damals, als ich ein Kind war: das riesige Waschbecken, das Schleifleder, die Täfelung, der große Wandspiegel, die sechs Duschköpfe und die Mosaikkacheln und ... die ... Milchglasflaschen mit den Silberverschlüssen, der Melissengeist und das Kölnisch Wasser, die Goldbuchstaben fast abgeblättert und ... *leiser, trauriger* ... die Elfenbeinbürsten und der Kamm.

Schüttelt jäh den Kopf, klärt ihn. Völlig gefaßt Verzeihung. Es tut mir leid.

Pause

DIE FRAU *seufzt, nickt mehrere Male* Das sieht dir ähnlich, jawohl. Nimm irgend etwas, irgendeine der Auszeichnungen, ein Gesichtsausdruck, der dir vage im Gedächtnis blieb, irgend etwas ... wie ... als er dich einmal irgendwohin mitnahm oder rund um die halbe Welt herbeieilte, als Fieber dich verzehrte und die Ärzte auf keine Weise herausfanden, woher es kam, damals, als er die vier Tage an deinem Bett saß, bis es abflaute, dann erst schlief.

Ihr Zorn, ihre Verachtung steigern sich erst richtig. Nein! Gar-nichts davon! Du kommst uns und findest ein BADEZIMMER ... ERSCHÜTTERND?

Pause. Leiser, gewissermaßen eine Niederlage. Nun ... ich kann von dir nicht erwarten, deines Vaters Sohn zu sein und etwas Besonderes. Es ist eine zu große Belastung. Aber so unbedeutend zu sein, ist ...

Gibt ihn mit einer Handbewegung auf, geht kurz auf und ab.

Ihr habt beide keine Kinder gehabt, Gott sei Dank, Kinder, von denen ich wußte.

Hart und laut Ich hoffe, ihr heiratet nie ... beide nicht!

Leiser, wenn auch nicht milder Die Familie soll enden, wo sie ist ... im Zenit.

DER SOHN *eine kratzige, gekränkte Stimme* Mutter! Sei verträglich!

DIE FRAU *zur Geliebten, ziemlich schnell, fast ein Singsang* Wir haben sie beide gemacht. Erinnern Sie sich, daß ich Ihnen erzählte, er habe mich danach gefragt? Ob es wahr sei? Und wie ich lachte und sagte »oh ja«? Erinnern Sie sich?

Die Geliebte nickt, ohne sie anzuschauen.

DER SOHN *geht auf die Tür in der linken Bühnenwand zu, bleibt bei der Tochter stehen, spricht zu ihr* Ich gehe hinüber in den Wintergarten.

Die Frau dreht sich um und verfolgt diesen Dialog.

DIE TOCHTER *ohne sich zu rühren* Gut.

DER SOHN Damit du weißt, wo ich bin.

DIE TOCHTER Gut.

DER SOHN Für den Fall.

DIE TOCHTER Gut.

DIE FRAU *als der Sohn die Tür zur Halle erreicht, spöttisch, aber ohne Nachdruck* Bist du dem nicht gewachsen?

DER SOHN *freundlich, sachlich* Ich bin dir nicht gewachsen, Mutter. Ich war es nie.

Er geht ab.

DIE FRAU *ein wenig verlegen* Nun ja.

Pause

Ja.

Pause

Wahrhaftig.

Als nächste spricht die Tochter; während sie es tut, geht die Frau umher, zuhörend, die Tochter gelegentlich anschauend, meistens aber die Möbel, den Fußboden, was auch immer.

DIE TOCHTER *sie nimmt den Arm kein einziges Mal von den Augen weg*

Herrgott, warum kannst du ihn nicht in Ruhe lassen? Warum konntest du ihn dieses e i n e M a l nicht in Frieden lassen? Jedermann wird zur Zielscheibe für irgend etwas, irgend etwas Unerwartetes und möglicherweise sogar Blödsinniges. Man kann sich mit den prächtigsten Stützmauern umgeben, Geschütze in alle Himmelsrichtungen, ein perfekter Gürtel, doch wenn der Himmel einstürzt oder die Erde unter den Füßen nachgibt . . . was liegt daran? Es ist alles ungeschützt –, und was schützt man? Jene Filme – weißt du noch? –, damals, in Indien meistens oder im Wilden Westen, die Festungen gegen die Wilden: Der Rettungstrupp traf endlich ein, und da stand das Bollwerk, Gewehrmündungen starrten aus allen Fenstern und Schießscharten, weiße Soldatenmützen, eine flatternde Regimentsfahne –, aber es stimmte etwas nicht. Die Max-Steiner-Musik war verstummt, nur das Geräusch des wehenden Sandes war zu hören. Und dann feuerte der Anführer des Rettungstrupps seine Pistole ab, als Signal für die drinnen, und wartete. Noch immer nur wehender Sand und keine Max-Steiner-Musik. Sie näherten sich, drangen ein und es bot sich ihnen genau das, was wir alle – mit Ausnahme des Rettungstrupps – schon vorher gewußt hatten: jeder einzelne Soldat tot, aber sozusagen als grausiger Scherz, von den Tuaregs oder Sioux oder was auch immer in Kämpferpose aufgestellt. Warum konntest du es nicht über dich bringen, ihn einfach in Ruhe zu lassen? Er hat sein Leben als Erwachsener in Abwehrstellung gegen alle zugebracht, hat sich und der Welt etwas vorgemacht, seine Scheiße so gut wie möglich verdeckt, und was liegt daran, wenn beim Anblick eines unvermuteten, lächerlichen Gegenstands alles bei ihm zusammenbricht? Was liegt daran?! Es ist ein Beweis, nicht? Beweist es nicht, daß er nicht so ... unbedeutend ist, wie du sagst; es ist ein Beweis, versteht du.

Kleine Pause

Du widerst mich genauso an wie ich dich.

Pause. Die Frau schaut dic Tochter eine Weile an, öffnet den Mund, wie um zu sprechen, tut es nicht, schaut nach hinten zum Arzt, der zu dösen scheint, wendet sich der Krankenschwester zu.

DIE FRAU *zur Krankenschwester* Sie ... *muß sich räuspern* ... es wäre besser, Sie gingen wieder hin, glaube ich. Er scheint eingeschlafen zu sein.

DIE KRANKENSCHWESTER *dreht sich im Sessel um, schaut nach hinten* Das bezweifle ich. Ein Trick von ihm, damit seine Patienten sich unbeobachtet fühlen.

DIE FRAU *schroff* Seien Sie nicht lächerlich!

DIE KRANKENSCHWESTER *gelassen* Seien Sie nicht unhöflich.

DIE FRAU *aufrichtig* Entschuldigung.

DER ARZT *von da, wo er ist, ohne den Kopf zu heben* Falls ich dösen sollte – was möglich ist, obwohl ich seit, glaube ich, über vierzig Jahren nicht geschlafen habe –, falls ich dösen sollte, dann, bilde ich mir ein, würde meine Intuition mich wieder wachrütteln, wenn irgendwas vonnöten wäre, meinst du nicht auch? Meine berühmte Intuition?

DIE FRAU *singt es zu ihm nach hinten* Ent-schul-di-gung. *Zur Geliebten, zieht ein Gesicht.* Mehr habe ich offenbar nicht zu sagen. Soll ich Sie für irgend etwas um Entschuldigung bitten?

DIE GELIEBTE *lächelt, schüttelt den Kopf* Nein, danke.

DIE FRAU Es könnte mir passieren – ganz automatisch – also achten Sie nicht darauf.

DIE GELIEBTE *streckt sich* Aber Sie k ö n n t e n meine Frage beantworten.

DIE FRAU Habe ich sie vergessen?

DIE GELIEBTE Wahrscheinlich. Ich habe mich gefragt, habe darüber nachgedacht: Wäre ich S i e gewesen – das kleine Mädchen, das Sie waren, als er zu Ihnen kam –, hätten Sie alles mitgemacht wie ich? Wären S i e bereit gewesen, m e i n e Stelle einzunehmen?

DIE FRAU *lächelt, während sie darüber nachdenkt* Hmmmm. Nein, ich glaube nicht. Unsere Verhaltensweisen sind so verschieden; meine ist die einer Ehefrau und Ihre – mißverstehen Sie mich nicht – Ihre nicht. Zweimal verheiratet, ja, das waren Sie, aber ich bezweifle, daß Ihre Männer sich eine Geliebte nahmen; denn Sie waren auch d a s. Und kein Mann, der eine Geliebte zur Ehefrau hat, wird sich eine Ehefrau zur Geliebten nehmen.
Die Geliebte lacht leise, fröhlich.
Wir sind ungleich geartet. Ob ich Kinder hatte oder nicht, ich war immer eine Ehefrau und Mutter, eher ein Symbol der Beständigkeit als der Zuflucht. Ihre beiden Männer waren verheiratet, bevor sie Sie kennenlernten, nein?

DIE GELIEBTE Hm, ja.

DIE FRAU *leicht* Vielleicht sind Sie verderbt.

DIE GELIEBTE Nein, ich denke, nicht. Ich war nie berechnend. Ich hatte es nie auf einen Mann abgesehen, sagte nie, ich glaube, den nehme ich mir. Ach, i s t er verheiratet? I c h verstehe. Na ja, macht nichts, das fällt ab wie eine alte Haut. So bin ich keineswegs. Ich habe mir nur aus drei Männern etwas gemacht – aus meinen zwei eigenen ... und aus Ihrem. Meine Güte, wie schockierend das klingt. Nun ja, aus drei Männern und einem Jungen. Das ist lange her, sehr lange, fünfzehn und sechzehn. Gott ... ! ... waren wir verliebt. Unschuldig, beide jungfräulich, und ich bezweifle, ob einer von uns je gelogen hatte. Wir lernten uns zufällig bei einem Gartenfest kennen, an einem Sonn-

tagnachmittag, und als der Abend dämmerte, lagen wir zusammen im Bett. Sie mögen das vielleicht nicht Liebe nennen, und doch war es das. Wir waren keine verlegenen Kinder, unbeholfen und rammelig wie junge Hunde. Fünfzehn und sechzehn und hatten noch nie, und doch war unser Sex eine starke und geübte und wechselseitige ... »vertraute« Angelegenheit zwischen uns, von allem Anfang an. Fummelei, Tränen, Schuldgefühle? Nein, kein bißchen. Er war der ... schönste Mensch, den ich je gesehen habe: Ein Gesicht, das zu beschreiben ich gar nicht versuchen werde, der schlanke, geschmeidige Körper eines Schwimmers, und ein Penis, der mir nicht aus dem Kopf ging, wenn ich nicht bei ihm war – ich gehöre nicht zu jenen Damen, die behaupten, diese Dinge seien unwichtig. Wir waren Mann und Frau ... ein unverdorbener Mann und eine unverdorbene Frau, und wir liebten uns einen ganzen Sommer lang, jeden Tag, wo immer, wann immer.
Pause
Und dann hörte es auf. Wir hörten auf.

DIE TOCHTER *nach einem Augenblick, gleiche Pose* Was war passiert? Etwas Tragisches? Ist er gestorben oder Priester geworden?

DIE GELIEBTE *ignoriert ihren Ton. Aus der Erinnerung* Nein, nichts von alledem. Wir mußten wieder in die Schule.

DIE TOCHTER *schnaubt* Herrgott!

DIE GELIEBTE Wir mußten wieder in die Schule. Könnte irgend etwas unkomplizierter sein?

DIE TOCHTER *richtet sich auf ihren Ellbogen halb auf, leicht unangenehmer Ton* Keine flammenden Briefe, Liebes- und Treueschwüre für alle Ewigkeit? Bestimmt ein tränenreicher Abschied, händchenhaltender-weise, Blick zur Decke, Beschwörung der Leidenschaft bis zu den Weihnachtsferien.

DIE GELIEBTE *immer noch ruhig* Nein, überhaupt nicht. Wir liebten uns, es war unser letzter gemeinsamer Tag, küßten uns, eher wie Bruder und Schwester, und sagten: »Auf Wiedersehen. Ich liebe dich.« »Auf Wiedersehen. Ich liebe dich.«

DIE TOCHTER Zwei ausgekochte Bälger, weiter nichts.

DIE GELIEBTE *lächelt ein wenig* Nein, ich glaube, da täuschen Sie sich. Ach, natürlich w a r e n wir das, aber ich glaube, wir waren auch sehr klug: bleibenlassen, nicht mehr daran rühren. Ich habe es Ihnen gesagt, es war ganz unkompliziert: Wir mußten wieder in die Schule, wir waren Kinder.

DIE TOCHTER *trägt das Ende eines Märchens vor* Und Sie sahen ihn nie wieder.

DIE GELIEBTE Stimmt. Er kam von der W e s t küste, war in jenem Sommer auf Besuch.

DIE FRAU *sehr nett* Was ist aus ihm geworden?

DIE GELIEBTE *wischt es beiseite* Ach ... irgendwas, irgendwas habe ich von Zeit zu Zeit darüber gelesen. Nichts.

DIE TOCHTER Ach, bitte! Was ist aus ihm geworden?!

DIE GELIEBTE *irritiert, aber durch die Fragerin, nicht durch die Frage* Was Sie wollen! Er starb und wurde Priester! W a s kümmert es Sie?!

DIE TOCHTER Nichts.

DIE GELIEBTE Dann halten Sie den Mund.

Die Tochter läßt sich wieder in ihre vorherige Lage fallen.

DIE FRAU *nach einer Pause* Also v i e r Männer.

DIE GELIEBTE Hm? Ach so, ja, ja, ich glaube, er w a r ein Mann. Vier Männer also. Nicht allzu schlimm, denke ich. Verteilt; nicht alle zusammen auf einmal.

DIE FRAU Ja.

Langsam, für sie selbst eine Art von Entdeckung Ich habe ... nur einmal ... geliebt.

DIE GELIEBTE *nickt, lächelt; freundlich* Ja.

DER BESTE FREUND *dreht sich plötzlich um* Was, wenn es kein Papier g i b t ? Was, wenn alle Umschläge nur Geschäftliches enthalten und keinerlei Hinweis drauf? Was, wenn es keine Anweisungen g i b t ?

DIE FRAU *trocken, aber traurig* Dann bleibt es der Ehefrau überlassen ... nicht wahr?

DER BESTE FREUND Ja, gewiß, aber ... immerhin ...

DIE FRAU *auf der Hut* Immerhin?

DER BESTE FREUND *gequält* Nach einer gewissen Zeit stützt sich ... nach einer gewissen Zeit stützt sich dieses Vorrecht n u r auf das Gesetz.

DIE FRAU N u r ... und G e s e t z ? Diese zwei Wörter in e i n e m Atemzug? Von Dir?

DER BESTE FREUND *hilflos* I c h kann dich nicht hindern.

DIE FRAU Weshalb solltest du das wollen, und warum spielen wir: »was, wenn«? Er ist ein gründlicher Mann, in Rechtsfragen so bewandert wie du, zumindest in manchen. Ich spekuliere nicht.

DER BESTE FREUND Diese Umschläge sind nicht von gestern.

DIE FRAU Das glaube ich unbesehen. Wie alt warst du, als dir der Tod bewußt wurde?

DER BESTE FREUND Tja ... was er bedeutet, meinst du ... *lächelt, ruft es sich ins Gedächtnis* Im Alter, in dem wir alle Philosophen werden ... – fünfzehn?

DIE FRAU *leicht ungeduldig, leicht belustigt* Nein, nein, als dir bewußt wurde, daß er dich selber anging, als du wußtest, daß du den höchsten Punkt der Achterbahnfahrt erreicht hattest, als du wußtest, daß du wahrscheinlich schon über die Mitte hinaus warst und unterwegs zu ihm.

DER BESTE FREUND Ach so.

Pause

Achtunddreißig?

DIE FRAU Hast du damals ein Testament gemacht?

DER BESTE FREUND *ein reuevolles Lächeln* Ja.

DIE FRAU Enthielt es Anweisungen?

DER BESTE FREUND *merkwürdig erzürnt* Ja! Aber nicht dafür! Nicht für das, was mit mir geschehen sollte. Vielleicht machen sich darüber Frauen mehr Gedanken.

DIE FRAU *überrascht, mißgönnt ihm den Punkt* Vielleicht.

DER BESTE FREUND *er auch* Und vielleicht dachte ich gar nicht daran, mir darüber Gedanken zu machen.

DIE FRAU Klinge ich wie eine Stammesmutter? Trage ich Federn, bin ich lehmbeschmiert und hängen meine Ohrläppchen fast bis auf die Schultern? Man könnte meinen! Meine Schlußfolgerung war ganz einfach: Man kann seinen Mann verlieren, solange er am Leben ist, doch wenn er es nicht mehr ist, gehört er einem wieder.

DIE TOCHTER *gleiche Lage* Noch ist er es.

Die Frau öffnet den Mund, um zu antworten, hält sich zurück.

DER BESTE FREUND Was?

DIE TOCHTER Am Leben.

DER BESTE FREUND *beherrscht seinen Zorn* Das wissen wir.

DIE TOCHTER Ich war nicht ganz sicher, weiter nichts.

DIE GELIEBTE *sanft* Reden wir nicht mehr davon. Man mißversteht uns.

DER BESTE FREUND Es geht nur darum, daß ... ach, ist ja gleichgültig.

DIE FRAU *nett* Daß du sein bester Freund auf der Welt bist und dir am Herzen liegt, was mit ihm geschieht?

DER BESTE FREUND *finster* So ähnlich.

DIE FRAU Nun, es gibt hier eine ganze Anzahl seiner besten Freunde, und es scheint uns allen ziemlich nahe zu gehen. Daß wir nicht übereinstimmen, ist nebensächlich.

DER BESTE FREUND Kaum. Ich warne dich: Wenn es kein Papier gibt, ich bezweifle, daß es eins gibt, und du auf deinem Willen beharrst, gehe ich damit vor Gericht.

DIE FRAU *unerschütterlich* Das wird langwierig.

DER BESTE FREUND Ohne Zweifel.

DIE FRAU Schön.

Pause

Es hat mich gefreut, dich als Anwalt gehabt zu haben.

DER BESTE FREUND Sei nicht so.

DIE FRAU *wütend* Sei nicht so?! Sei nicht so?! Wir sprechen von meinem Mann. Das hast du doch wohl nicht vergessen. Du warst Gast in unserem Haus – in jenen Tagen, als wir ein gemeinsames Haus hatten. Wir haben dich bewirtet. Hier! Du und deine Frau, ihr habt Weihnachten mit uns verbracht. Viele Male! Wer dachte daran, dir aus Havanna, sooft wir dort waren, deine Zigarren mitzubringen? Wer beriet dich beim Einkaufen, wenn du deine Frau überraschen wolltest, damit du sicher sein konntest, daß es das Richtige war, und nicht, was bei euch Ehemännern bei so vielem herauskommt, eine Torheit? Ich! Die Ehefrau! Weißt du noch?!

Der beste Freund geht dahin, wo sie sitzt, kniet bei ihr nieder, nimmt ihre Hände und führt sie an die Lippen.

Ich glaube, gleich weine ich.

DER BESTE FREUND Nicht doch.

DIE FRAU *entzieht ihm heftig ihre Hände, schaut weg; erschöpft* Macht mit ihm, was ihr wollt, einen Bronzeabguß, wenn es euch gefällt. Ich werde nicht mit euch kämpfen, ich mag euch beide viel zu sehr.

DIE GELIEBTE Ich habe Ihnen gesagt, was er will, weiter nichts; vielmehr, was er wollte, als er es mir sagte. Verstreiten wir uns nicht wegen Zukünftigem.

DER BESTE FREUND *sanft* Wenn ich es zurücknehme, engagierst du mich dann wieder?

DIE FRAU Du wurdest nie entlassen. Was täte ich ohne dich? Rhetorik.

DIE TOCHTER *gleiche Lage* Reicht euch die Hände, küßt euch, singt.

DIE FRAU *ziemlich leichter Ton, zum besten Freund* Was i s t das, wenn du deine Tochter umbringst? Es ist Muttermord, wenn s i e d i c h umbringt und Kindesmord, wenn du sie als kleines Wurm beseitigst; was aber, wenn sie völlig erwachsen ist und schon Falten bekommt? Zu rechtfertigender Totschlag, denke ich.

DIE KRANKENSCHWESTER *sie erscheint von hinter dem Wandschirm* Doktor?

Der Arzt steht von seinem Sessel neben dem Bett auf und geht zu ihr. Die beiden sind jetzt teilweise sichtbar. Die Frau bleibt, wo sie ist, umklammert ihre Sessellehnen, schließt die Augen. Die Geliebte steht auf, bleibt an Ort und Stelle. Der beste Freund nähert sich dem Bett. Die Tochter steht auf, bleibt, wo sie ist.

DIE KRANKENSCHWESTER *erscheint wieder* Bleiben Sie. Es ist nichts für Sie.

Sie geht zum Bett zurück. Die Geliebte setzt sich wieder. Der beste Freund läßt sich in einen Sessel fallen. Die Tochter zurück aufs Sofa.

DIE TOCHTER *sie schlägt auf das Sofa ein, mehr oder weniger im Takt zu ihren Worten; ihre Stimme ist heiser und angestrengt und zornig. Sie muß mit zusammengebissenen Zähnen sprechen*

Vater unser, der Du bist im Himmel, Dein Name werde geheiligt, Dein Reich komme, Dein Wille geschehe wie auf Erden also auch im Himmel, gib uns heute . . .!

Sie schweigen alle.

Die Krankenschwester erscheint wieder. Ihre Schwesterntracht ist blutbesudelt, als ob jemand sie mit einem Malerpinsel mit Blut bespitzt hätte. Auch ihre Hände sind blutig.

DIE KRANKENSCHWESTER Kein Grund zur Unruhe, es ist eine Blutung, aber kein Grund zur Unruhe.

DIE FRAU *die Augen immer noch geschlossen* Sind Sie sicher?!

DIE KRANKENSCHWESTER *mit kräftigem Nachdruck, um sie zu beruhigen* Kein Grund zur Unruhe!

Sie kehrt zum Bett zurück.

DIE GELIEBTE *zur Frau, nach einer Pause* Erzählen Sie mir etwas, reden Sie mit mir über irgend etwas – Irgend etwas!

DIE FRAU *ringt um ein Thema* Wir ... äh ... der ... Garten, ja, der Garten, den wir hatten, als wir unser Haus auf dem Land hatten, außerhalb von Paris. Wir waren fast drei Jahre in Frankreich. Haben Sie ... hat er Ihnen das erzählt?

DIE GELIEBTE Ja. War es schön?

DIE FRAU Er konnte nicht, er konnte mit Ihnen nicht dorthin. Es war wunderschön; es ist abgebrannt; sie haben uns geschrieben.

DIE GELIEBTE Wie schade.

DIE FRAU Ja. Es war schön.

Sie ringt mit sich, um es durchzuhalten

Es war nicht einfach ein Garten, es war eine Welt ... der ... Floration. Gibt es das Wort? Macht nichts. Es war eine Welt für sich. Man ging nicht in einen Garten hinaus – so wie, wenn zu einem gesagt wird: »Kommen Sie, schauen Sie sich unser Werk an.« Nichts, überhaupt nichts dergleichen. Selbstver s t ä n d l i c h : Er war angelegt worden, von umsichtigen Köpfen – einer Frau u n d einem Mann, glaube ich, so wirkte es jedenfalls, oder von mehreren, von Generationen –, und er kam eigentlich nichts anderem gleich als einer besonderen Umwelt.

Wirft den Kopf zurück, laut, zum Arzt und zur Krankenschwester SAGT MIR IRGEND JEMAND DIE WAHRHEIT?!

DIE KRANKENSCHWESTER *erscheint wieder kurz* Ja. *verschwindet.*

DIE FRAU *ruhig* Danke.

DIE GELIEBTE Der Garten.

DIE FRAU Ja.

Pause, während sie sich wieder sammelt.

Das ... das Haus selber war jahrhundertealt, von außen eher normannisch, Fachwerk, aber nicht im normannischen Stil, schachtelförmig, klein, doch von verwinkelter Geräumigkeit, Steinböden, riesige, einfache Kaminsimse, gewaltige Deckenbalken, eine Küche, so groß wie ein Wohnzimmer – S i e wissen schon. Und rund herum rankte sich alles daran hoch, wucherte in allen Richtungen, eine gebändigte Wildnis von Garten. Nein, nicht gebändigt, geplant: eine geplante Wildnis. Solch ein Überfluß; bei allen Vögeln und Schmetterlingen im meilenweiten Umkreis sprach es sich herum. U n d bei den Bienen. Man konnte hinausgehen und Sträuße pflücken, auf die Redon neidisch gewesen wäre.

Pause

Ich glaube, ich will nicht mehr darüber sprechen.

Der Arzt taucht mit einem Handtuch auf, an dem er sich die Hände trocknet. Er kommt nach vorn.

DER ARZT Beinah, aber es geht wieder. Derlei läßt sich nicht voraussagen. Darf ich mich zu euch setzen?

Er setzt sich zur Frau und zur Geliebten.

Ach, das tut gut. Ich fühle mich plötzlich ziemlich alt ...

Lacht in sich hinein ... da muß man selber lachen, nicht?

DIE GELIEBTE Werden Sie sich eines Tages zur Ruhe setzen?

DER ARZT Kann ich nicht mehr. Ich bin weit über das Ruhestandsalter hinaus. Vor fünfzehn Jahren hätte ich es tun sollen. Außerdem: was täte ich?

DIE FRAU *schaut den Arzt nicht an* Hat es ... es beschleunigt?

DER ARZT *Pause* Sicher. Was kann man anderes erwarten? Jeder Atemzug schwächt, jeder Pulsschlag ist ein Risiko.

DIE GELIEBTE *ein Versuch, das Thema zu wechseln* Ich habe nie begriffen, wie ihr Ärzte es fertigbringt, so gesund zu bleiben, mittendrin in allem – die Ansteckungen. Sie müssen ja ganz klapprig sein vor lauter Pillen und von Einstichen übersät.

DER ARZT Ach, heutzutage ist das leichter; es g a b aber andere Zeiten. Obgleich es interessant ist: In Europa, zur Zeit der schwarzen Pest, auch schwarzer Tod genannt – ich habe darüber g e l e s e n , denken Sie sich keine Frechheiten aus –, als achtzig Prozent einer Stadt weg waren, in einer Woche weggefegt wurden, büßten die Ärzte, falls man sie so nennen konnte, nur die Hälfte ein. Ein Arzt konnte damals nicht viel ausrichten gegen die Beulenpest – und besonders nicht gegen die Lungenpest –, aber satteln und fliehen hätte nichts genützt, es hinausgeschoben, vielleicht, also blieben sie, versuchten, die Beulen zum Platzen zu bringen, vernagelten, wenn ein Fall auftrat, manche Häuser mitsamt den lebenden Insassen, und waren auf ihren Rundgängen den Priestern um einen oder zwei

Tage voraus. Die Priester hatten das gleiche Glück wie die Ärzte, den gleichen Prozentsatz. Könnte etwas zu bedeuten haben, wahrscheinlich nicht.

Pause

Möchtet ihr noch mehr Geschichte?

DIE FRAU *Schüttelt den Kopf, lächelt ein wenig* Nein.

DIE GELIEBTE *ebenso* Eigentlich nicht.

DER ARZT *steht auf; es bereitet ihm Mühe* Dann gehe ich wieder. Falls doch, laßt es mich wissen. Da bin ich bewandert.

Macht sich auf den Weg, kommt an der Tochter vorbei, die liegt Hast du Kopfweh oder was ist los? *Geht weiter*

DIE TOCHTER *steht jäh auf; unterdrückt* Herrgott! *allgemein* Ich bin auch im Wintergarten.

Sie geht ab und schlägt die Tür hinter sich zu. Eine Stille.

DIE FRAU *zur Geliebten, sanft* Was werden Sie tun?

DIE GELIEBTE *lächelt traurig* Ich weiß nicht. Ich habe natürlich darüber nachgedacht, aber nichts scheint mir ganz sinnvoll. Ich trinke nicht und für Rauschgift bin ich viel zu alt. Ich habe daran gedacht, eine sehr große Reise zu machen, an Orte, wo ich noch nicht wahr – wo wir nicht waren –, aber dagegen spricht auch eine ganze Menge. Suche ich Vergessen oder suche ich Erinnerung? Wenn es nur die Wahl zwischen Masochismus und Feigheit gibt, dann ist Nichtstun vielleicht das Beste. Trotzdem: Irgend etwas muß ich tun. Das Traurigste ist: Ich habe so viele von ihnen gesehen, von denen, die plötzlich ohne ihren Mann dastanden, die an Orte zurückkehren, die sie mit ihm zusammen kennenlernten, auf Terrassen sitzen und Umschau halten. Sie machen den Eindruck, sie möchten wiedererkannt werden; als wären in dem Jahr im Gewimmel von Cannes alle Leute aus früheren Tagen und gleich komme jemand und sage »guten Tag«. Sie donnern sich auf, wie sie es früher nie getan hätten: Um drei am Nachmittag tragen sie Cocktailkleider und behängen sich mit Schmuck, und ihre Kriegsbemalung gehört ins Schummerlicht der Bar und nicht in die Sonne. Ich rede nicht von den Frauen, die verkommen. Nein, ich meine die anständigen Damen, die über alles leicht verstört sind – als könne etwas, was sie nicht ganz wiederzuerkennen vermögen, nicht ganz in Ordnung sein. Ach es sind lauter Dinge, die sie nicht wahrhaben wollen und deshalb sind sie dort hingefahren –: daß die Gegenwart nicht die Vergangenheit ist, daß sie für sich selber bestellen müssen und niemandem trauen dürfen. Und die Gruppen sind sogar noch schlimmer, diese Gemeinschaftsreisen zu dritt oder viert, diese Schwärme aufgescheuchter Witwen, die über ihre Männer reden, als seien die nur gerade bei einem Herrenabend oder im Klub. Es hat etwas Abgestumpftes, zeugt letztlich von einem Mangel an Selbstachtung. Ich w e r d e wegfahren, ich w e i ß das, und ich werde mir auch keine unbekannten Orte aussuchen. Es gibt verschiedene Arten von Schmerz, und sich noch einmal dort aufhalten, wo man gewesen ist und alles geteilt hat, muß leichter sein als dort, wo man es n i c h t kann. Ich glaube, was ich tun werde, ist: dorthin fahren, wo ich gewesen bin, w i r gewesen sind, aber ich setze mir kein Ziel, denn, wahrhaftig, ich habe ja keins. Ich fahre im Oktober nach Deauville, wenn nur das ›Normandie‹ auf ist, und mache ausgedehnte, eingemummte Spaziergänge am Strand in Kälte und Trübnis. Oder vielleicht gehe ich einfach nach Berlin und starre die Mauer an. Wir waren dort, als sie sie aufbauten. Es gibt soviel, was man tun kann. Und so wenig.

Lange Pause; schließlich, mit Tristesse Was werden S i e tun?

DIE FRAU *Pause* Das ist von Grund auf anders. Ich übe mich seit so vielen Jahren im Witwentum, daß ich nicht weiß, was für eine Wirkung die T a t s a c h e auf mich haben wird. Vielleicht keine. Ich habe mir mein Leben eingerichtet, das bequem ist, abwechslungsreich und nützlich, und ich habe keine Veränderung im Sinn. Man weiß zwar nie. Kann sein, daß ich mich selber ... nur belogen habe, daß ich nicht besser auf das, was geschehen wird – wann? heute nacht? morgen früh? – vorbereitet bin, als ich es wäre, wenn er sein Koma plötzlich abschüttelte, von seinem Bett aufstände, mich in die Arme schlösse, für all die Jahre um Verzeihung bäte und wieder aufnähme. Ich kann es nicht voraussagen. Ich weiß, ich möchte etwas fühlen; ich warte darauf, und ich habe keine Ahnung, was sich in mir anstaut. Man macht im Lauf der Jahre viele Zugeständnisse, wenn auch nur, um der Selbstzerfleischung zu entgehen. Zorn, Verbitterung, Verlust, Selbstbemitleidung – u n d Selbstverachtung – Einsamkeit. Sich all dessen bewußt zu sein, hält man nicht lebenslang aus, also verdrängt man es o d e r man erholt sich, und man ist nie sicher, was. Am schlimmsten dürfte sein, wenn nichts geblieben ist, wenn man sich mit allem abgefunden hat. Ich bin von Natur keine Stoikerin, keineswegs – ich hätte für meine Kinder gemordet, früher, als ich etwas für sie übrig hatte; und e r konnte mich auf so subtile und umfassende Weise erfreuen oder verletzen, daß es mich stets mehr verblüffte, w i e es geschah, als w o m i t . Ich erinnere mich, einmal, da waren wir in London zu einer Konferenz und natürlich hatte er sehr viel zu tun.

Pause

Nein, d a rüber will ich auch nicht sprechen. Irgend etwas r ü h r t sich: Ich bin schon zum zweitenmal nicht über die Hürde gekommen.

DIE GELIEBTE *nett* I h n e n wird es nichts anhaben.

DIE FRAU Ja, das werde ich nicht wissen, bis es zu spät ist, nicht wahr?

Wendet sich dem besten Freund zu Du wirst mich bitten, dich zu heiraten, stimmt's?

DER BESTE FREUND *Von da, wo er sitzt* Das stimmt.

DIE FRAU *lächelt* Und ich werde dich a b w e i s e n , oder n i c h t ?

DER BESTE FREUND Sicher. Ich bin keine gute Partie.

DIE FRAU Außerdem: Nach fünfzig Jahren Ehe mit demselben Mann kann ich mich nicht auf drei oder vier mit einem anderen einlassen – ja, nicht einmal auf zehn, falls du allen Versicherungsagenten eine Nase drehst. Und obendrein: Hör doch wie das klingt, wenn man in m e i n e m Alter, in m e i n e r Verfassung sagt: »Ich bin Ihnen zugetan, mein Herr, aber ich liebe Sie nicht.« Wascht mir den Mund mit Seife aus, weil ich es sage, aber ich liebe meinen Mann.

DIE GELIEBTE *lächelt, nett* Natürlich lieben Sie ihn.

DER BESTE FREUND *als ob ihm nie etwas anderes eingefallen wäre und er es nicht bezweifelte* Natürlich.

DIE FRAU *ein wenig aus der Fassung durch die Zustimmung der beiden* Ja. Jawohl.

Schüttelt den Kopf, langsam, traurig Ach Gott, das kleine Mädchen . . . *Geht sie umher? Vielleicht* Achtzehn . . .

Zur Geliebten ... und nicht wie Sie, kein sommerliches Liebesleben, kein Gedanke daran, nicht im entferntesten ... — leider ... vielleicht. Wir sind altersmäßig nicht so weit auseinander, Sie und ich, weit genug, aber doch nicht so, daß sich mein Gefühl erklären ließe, hundert Jahre vor Ihnen geboren zu sein. Meine Vorfahren waren aus Neuengland; Farmer, ländlicher Herkunft und ... zurückhaltend. Sie sprachen sich in der Öffentlichkeit nie auf vertraute Weise an — oder vor mir! Herr und Frau, können Sie sich das vorstellen?! Ich frage mich oft, ob sie nachts ihre Namen aussprachen, wenn sie beisammen waren. Sie m u ß t e n ja, nicht wahr? Er war groß und hager, hatte einen gewaltigen Schnurrbart, eine tiefe Stimme, große, kräftige Hände, langgliedrige Finger, und sie war, was man damals »petite« nannte. Wir hatten Geld — hinreichend — und ein geräumiges Haus mit Veranden rundherum und einer Schauinslandzinne auf dem Dach, denn wir waren damals in der Nähe von Lyme. Ich war eins von sieben und das einzige Mädchen. Zwei starben als Säuglinge und die anderen sind alle im Lauf der Zeit dahingegangen. Tja.
Pause. Sammelt sich wieder.
Einige Möchtegernverehrer, aber, wie ich selber, stockdumm und typisch für ihr Alter. Sie schlugen wahrscheinlich ihren Vätern nach — wurden wie meiner —: wortkarge, besonnene, gewissenhafte Männer, ehrliche, arbeitsame, kluge und gute Ehegatten, strenge, aber gerechte Väter —, die Sorte Jungen, denen man beim ersten Blick ansieht, wie sie mit vierzig aussehen, sein werden, genau wie bei manchen Männern, wenn man sie richtig betrachtet, unverkennbar ist, wie sie als Halbwüchsige waren. Sie machten ihre Aufwartung, tranken Limonade im Beisein meiner Mutter, kann sein einer Tante, eines Onkels; sie machten einen Spaziergang mit mir, ein Krockettspiel, führten mich zu einer Tanzveranstaltung. Ich schwärmte für keinen von ihnen.

DIE GELIEBTE *lächelt* Nein. Sie warteten.

DIE FRAU *schüttelt den Kopf, lacht* Selbstverständlich! Auf den Märchenprinzen! Wie überheblich war ich — wie überspannt! Meine arme Mutter machte sich Sorgen, auf ihre zurückhaltende Weise. Sie pflegte zu fragen, ob ich den Abend mit dem oder jenem unterhaltsam fand, machte Bemerkungen über seine Familie und über das, was die Zukunft mit Bestimmtheit für ihn bereithalte. Sie fragte mich nie geradeheraus nach meinen Gefühlen –, denn, um Himmels willen, dann hätte m i r ja einfallen können, eines Tages s i e über gewisse Dinge auszufragen –, sondern sie musterte mich aufmerksam, wenn ich die Achseln zuckte oder die Nase rümpfte. Ich glaube, meine Mutter hielt mich für unrettbar verloren, denn sie hatte um ein Jahr jünger geheiratet, als ich damals war; aber falls sie mit meinem Vater darüber gesprochen haben sollte –, er hat nie etwas merken lassen. Einer meiner älteren Brüder brachte ab und zu einen Freund vorbei; doch selbst wenn ihnen die Limonade schmeckte: das reizte sie nicht genug, um oft wiederzukommen.

Die Geliebte lacht in sich hinein.

DIE FRAU *fährt achselzuckend fort* Und dann – natürlich – kam e r : Die Universität hinter sich, dem Krieg in Frankreich entgangen, vierundzwanzig, schon auf der Leiter zum Erfolg – erst am Anfang, aber zielbewußt und unverhohlen. Wir lernten uns im Haus meines reichen Onkels kennen, zu dem er gekommen war, um über einen Plan zu verhandeln, und bei seinem Anblick fühlte ich mich wieder wie zwölf oder jünger und ... behaglich wie bei einem älteren Bruder, obschon ... anders, ganz anders. Ich hatte mich durch Jungen nie bedroht gefühlt, doch er war ein Mann, und ich fühlte mich sicher.

DIE GELIEBTE Haben Sie sich auf der Stelle verliebt?

DIE FRAU Hm? *denkt darüber nach*

Ich w e i ß nicht. Ich wußte, daß ich ihn heiraten werde, daß er mich fragen werde, und das schien mir völlig ... in Ordnung. Ich fühlte mich ruhig. Ist das eine Gefühlsregung? Ich glaube, ja.

DIE GELIEBTE Ganz bestimmt.

DIE FRAU *seufzt schwer* Und zwei Jahre danach heirateten wir. Und dreißig Jahre danach ... lernte er S i e kennen. Geschichte im Zeitraffertempo. Ach ja ...

lebendiger Vielleicht, wenn ich so gewesen wäre ...

Es wird ihr klar Nein. Ich glaube nicht.

Eine Stille

DER ARZT *erscheint aus seinem Versteck hinter dem Bett. Zum besten Freund* Wo sind die anderen?

DER BESTE FREUND *steht auf* Im Wintergarten.

DER ARZT *ausdruckslos* Man sollte sie jetzt holen.

DIE FRAU *bemitleidenswürdig* Nei-ein!

DER BESTE FREUND *geht auf die Tür zu. Zum Arzt* Ich hole sie.

DIE FRAU *wie oben* Noch nicht!

DER BESTE FREUND *mißversteht sie* Sie sollten d a b e i sein.

DIE FRAU *wie oben* Ich meine nicht sie!

DER BESTE FREUND *bringt es kaum heraus* Ich hole sie. *Er geht ab.*

DIE FRAU *wendet sich wieder dem Arzt zu. Wie vorher: bemitleidenswürdig, verloren* Noch nicht!

DIE GELIEBTE *ergreift eine Hand der Frau* Schhhhhhhhh. Seien Sie stark.

DIE FRAU *erbittert* Warum?!

DIE GELIEBTE Um der anderen willen.

DIE FRAU *beinahe höhnisch* Nicht um Ihretwillen?

DIE GELIEBTE *sachlich* Ich schaffe es. Obschon es leichter wäre.

DIE FRAU *entzieht ihr ihre Hand. Hart* Seien S i e es, seien S i e stark. Ich w a r es, all die Jahre lang, unerschütterlich. Es bringt nichts ein!

DIE GELIEBTE Nur noch ein wenig länger.

DIE FRAU *beinahe knurrend* Seien S i e es. S i e haben sich fremde Rechte angemaßt!
Pause. Schließlich, immer noch hart Entschuldigung!

DIE GELIEBTE Sie sind ungerecht.

DIE FRAU *immer noch hart* Weshalb? Weil ich nicht mehr besaß, womit Sie auf und davon sind?

DIE GELIEBTE *auch hart im Ton* So ähnlich.

DIE FRAU *ein unvermitteltes, hartes Eingeständnis, fest im Ton, aber es liegt erlittener Verlust darin* I c h liebe Sie n i c h t.
Die Geliebte nickt, schaut weg
I c h liebe n i e m a n d e n . . .
Pause
. . . mehr.
Die Tür geht auf, die Tochter kommt herein, vom Sohn gefolgt, dem der beste Freund folgt. Der beste Freund bewegt sich müde, die beiden anderen vorsichtig, als fürchteten sie, daß durch ein Geräusch oder eine Berührung mit irgend etwas die Welt in Trümmer ginge. Der beste Freund schließt hinter sich geräuschlos die Tür, die beiden anderen machen einige Schritte, bleiben stehen.

DIE FRAU *sie steht jetzt. Zur Tochter, im gleichen Ton wie vorher*
Ich liebe d i c h nicht ... *zum Sohn* ... und ich liebe d i c h nicht.

DER BESTE FREUND *ruhig* Tu das nicht.

DIE FRAU *ruhig, aber unbarmherzig* Und daß ich d i c h nicht liebe, weißt du.
Ein rasender Schrei, der sie schüttelt. ICH LIEBE MEINEN MANN!!
Die Krankenschwester ist nach vorn gekommen; die Tochter geht zu ihr und vergräbt sich in den Armen der Krankenschwester. Der Sohn fällt in einen Sessel, verbirgt das Gesicht in den Händen, schluchzt.

DIE FRAU *zum Sohn* HÖR AUF!!
Der Sohn hört jäh zu schluchzen auf, rührt sich nicht.

DIE GELIEBTE *fest* Hören S i e auf.
Stille. Der beste Freund geht zum Kamin. Die Geliebte und die Frau sitzen beide. Der Sohn bleibt, wo er ist. Die Tochter kehrt zum Sofa zurück. Der Arzt ist am Bett. Die Krankenschwester steht etwas abseits hinter dem Sofa, mit festem Blick, bereit, zu helfen oder zu verhüten. Von jetzt an und bis zum Schluß des Stücks verändert außer dem Arzt niemand mehr seine Position.

DIE FRAU *ruhig jetzt, fast tonlos. Ein langsames Sprechen, von langen Pausen unterbrochen* Wir haben nichts anderes getan, als ... über uns selber nachgedacht.
Pause
Es gibt keine Hilfe für Sterbende, nehme ich an. Oh, Himmel, diese Last.
Pause
Was wird aus m i r ... und m i r ... und m i r,
Pause
Ja, wir sind diejenigen, die weiterleben müssen.
Pause
Selbstlose Liebe? I c h glaube es nicht. Wir lieben, um g e l i e b t zu werden; und wenn uns das genommen wird ... warum n i c h t toben ... oder wimmern.
Pause
Wir haben nichts anderes getan, als über uns selber nachgedacht. Letzten Endes.
Eine lange Stille. Dann beginnt die Frau zu weinen. Sie bewegt sich nicht, Kopf erhoben, Blick geradeaus, Hände

um die Armlehnen ihres Sessels geklammert. Zuerst sind es nur Tränen, doch dann setzen die Kehllaute ein. Es ist ein beherrschtes Weinen, aber kaum beherrscht.

DIE TOCHTER *nach einigen Augenblicken, nicht laut, aber bitter und anklagend* Warum weinst du?

DIE FRAU *es bricht schließlich aus ihr heraus, alles, was dreißig Jahre lang unterdrückt wurde. Es ist laut, von Schluchzern unterbrochen und von Japsern nach Luft, es ist selbstbemitleidend und selbstverachtend, Schmerz und Erleichterung*

Weil ... ich ... unglücklich ... bin.

Pause

Weil ... ich ... unglücklich ... bin.

Pause

WEIL ... ICH ... UNGLÜCKLICH ... BIN!

Eine Stille, während der sie die Selbstbeherrschung wiedererlangt. Dann sagt sie es noch einmal, beinahe in einem Konversationston, aber leer, leblos.

Weil ich unglücklich bin.

Eine lange Stille. Niemand rührt sich, bis auf den Arzt, der das Stethoskop endgültig von der Brust des Patienten und dann sich selber aus den Ohren nimmt. Er steht da, verweilt einen Augenblick, kommt dann einige Schritte nach vorn, bleibt stehen.

DER ARZT *zart* Alles vorbei.

Niemand rührt sich.

Literatur.

Günter Grass
örtlich betäubt
Roman. 1248 DM 3,80

»Günter Grass liefert in seinem Roman den Steckbrief seiner Generation.«
Die WELT der Literatur

Michail Bulgakow
Der Meister und Margarita
Roman. 1098 DM 5,80

Henri Charrière
Papillon
1245 DM 7,80

Joseph Conrad
Der Geheimagent
Eine einfache Geschichte
1216 DM 4,80

Frankreich erzählt
Neue Folge
Hg.: Pierre Bertaux
1282 DM 3,80

Thomas Mann
Doktor Faustus
1230 DM 7,80

Adolf Muschg
Mitgespielt
Roman. 1170 DM 4,80

F. M. Dostojewski
Erzählungen
1263 DM 4,80

Ota Filip
Das Café an der Straße zum Friedhof
Roman. 1271 DM 6,80

Otto Flake
Das Bild und andere Liebesgeschichten
1209 DM 2,80

Hans-Jürgen Schmitt (Hg.)
19 Erzähler der DDR
1210 DM 4,80

Alan Sillitoe
Der Tod des William Posters
Roman. 1236 DM 4,80

Arnold Zweig
Der Streit um den Sergeanten Grischa
Roman. 1275 DM 6,80

Reihe Fischer

1 Daniil Charms: *Fälle.* Prosa, Szenen, Dialoge. Aus dem Russischen; mit einem Nachwort von Peter Urban.
2 Sven Holm: *Termush, Atlantikküste.* Roman. Aus dem Dänischen von Hanns Grössel.
3 Hermann Jandl: *Leute Leute.* Lyrik.
4 Ivan Sviták: *Hajaja-Philosoph.* Parabeln. Aus dem Tschechischen von Paul Kruntorad.
5 Jürgen Alberts: *Aufstand des Eingemachten.* Prosa.
6 *Beethoven '70.* Aufsätze. Mit Beiträgen von Adorno, Kagel, Metzger, Schnebel, Pauli, Wildberger.
7 Max Horkheimer: *Vernunft und Selbsterhaltung.* Essay.
8 Dieter Schlesak: *Visa. Ost-West-Lektionen.* Essays.
9 Burt Blechman: *Achtung 901.* Prosa. Aus dem Amerikanischen von Traut Felgentreff.
10 Karl-Hermann Flach: *Noch eine Chance für die Liberalen.* Oder: Die Zukunft der Freiheit. Eine Streitschrift.
11 Peter Henisch: *Hamlet bleibt.* Prosa. Ein Zyklus.
12 Ireneusz Iredyński: *Versteckt in der Sonne.* Roman. Aus dem Polnischen von Janusz von Pilecki.
13 Lutz Lehmann: *Klagen über Lehrer F.* und andere Schul-Beispiele von autoritärer Tradition.
14 Eugen Mahler: *Psychische Konflikte und Hochschulstruktur.* Gruppenprotokolle.
15 Hermann Jandl: *Vom frommen Ende.* Prosa.
16 Hansjörg Pauli: *Für wen komponieren Sie eigentlich?* Interviews mit Ferrari, Henze, Kagel, Nono, Schnebel, Wildberger.
17 Charlotte Rothweiler: *Ein sozialer Rechtsstaat?*
18 Alfred Schmidt: *Bester jagt Spengler.* Prosa.
19 *Wallfahrtsstätten der Nation.* Nationaldenkmäler.
20 O. K. Werckmeister: *Ende der Ästhetik.* Essays.
21 Antonio Gramsci: *Briefe aus dem Kerker.* Hrsg. und aus dem Italienischen übertragen von Gerhard Roth.
22 Kurt Jürgen Huch: *Einübung in die Klassengesellschaft.*
23 Jakov Lind: *Israel. Rückkehr für 28 Tage.* Aus dem Englischen von E. Tranger.
24 Dragoslav Mihailović: *Als die Kürbisse blühten.* Erzählung. Aus dem Serbischen von Peter Urban.
25 Tomaž Šalamun: *Ein Stengel Petersilie im Smoking.* Gedichte. Aus dem Slovenischen von Peter Urban.
26 Gerhard Zwerenz: *Der plebejische Intellektuelle.* Essays.